毒男爸爸 之

論盡育兒手記

Kidult Daddy 毒男爸爸 著

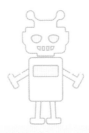

育兒沒有天書。
看書，求的不是一個答案，
而是多一個角度。

推薦序一

老婆坐月餵母乳弄濕胸圍無得替換，要急急去買……

兒子窩心送的迷你公仔掛在袋上，但完全唔襯個 cool look……

外傭姐姐完約要離開，被湊大的兒子傷心嚎哭……

老婆懷二胎，大兒子呷醋、扭計……

這些場面是否似曾相識？對於新手爸媽來説，每天都是挑戰，挑戰體力耐力、挑戰面子尊嚴、挑戰 EQ 和 IQ……有人倒瀉籮蟹焦頭爛額，有人見招拆招偶有甩轆，亦有人拆解有法輕鬆過關，視乎做了幾多準備，願意付出多少。

生兒育女從來都不容易，每對父母都是邊學邊做、磕磕絆絆走過來。雖然沒有真正的天書，但是從過來人身上，總會學到一些智慧。毒男爸爸就是其中一位值得借鏡的人辦。

他從不硬銷道理，不會教你幾多招令兒子停止哭泣，亦不會硬銷自己有多辛苦多偉大；而是通過描寫生活瑣事，把都市爸爸如何一步一步經營自己的家的真實層面呈現出來。跟兒子的互動，你會感受到他對兒子愛而不溺；有了孩子後坐飛機出差，他直言怕死，讓你感受到他的膽怯心焦、對家的牽掛；工作家庭兩

邊兼顧時間資源難分配的徬徨,讓你看到他在糾結中的領悟。毫無矯飾,感情真摯,生活感強,儘管生活有不如意,會有焦慮,但家的力量、家人的愛,卻讓他有着逆難而上的正面態度,看他如何處理外傭姐姐離去一事,就已經是好好的身教。

　　毒男爸爸一點不毒,他的文章在我們平台一直很受歡迎,誠意推介《毒男爸爸之論盡育兒手記》這本書,內裏分享了他由新手父母到成為兩孩之父的歷程,包括初為人父的喜悅及論盡點滴、日常和兒子相處的有趣軼事、兩個兒子之間的兄弟情、自己的育兒理念及實踐、跟老婆的相處、兩夫妻在生活中面對的取捨、以及作為爸爸的個人感想。新手爸爸不難找到共鳴,媽媽也可以從他的角度了解爸爸們的喜與憂。

親子網站「Oh! 爸媽」總編輯
黃淑君
2021 年 3 月

推薦序二

　　這本書的誕生很奇妙，就好像我家出生的第三個仔，不過今次不是我生，是老公生，今次到我陪產。

　　兒子出世前，以我認識的毒男爸爸，就是一個名正言順的毒男，屋企最寶貴的是他的遊戲機、漫畫、和 figure 擺設。兒子出世後，要照顧的事情多了很多很多，他也的確改變了不少。

　　由網誌有點即興，到現在這本書的製作，我還是有點不能相信。毒男爸爸寫的內容，每一篇我都歷歷在目，有很多更是共同經歷，但我沒有他的聯想和描繪能力，去用文字記錄下來。

　　能讓這些文章，在新手父母之間，互相分享勉勵，是網誌的初衷，這精神亦延續到這本書。

　　見證這寶貝的誕生，亦想藉此勉勵每一個家庭：每一對父母，寓湊仔於娛樂，甘苦與共，一齊成長。

毒男爸爸……的老婆

2021 年 3 月

自序

生兒育女，是個多采的人生經驗，但亦不容易。

當上爸爸之後，走進了有關育兒──一個完全未接觸過的知識範疇，一切都很新鮮和有趣。但幾廿歲人，離開了校園多年，要從新學習，着實也有點吃力，有時更會力不從心。

新手父母，我覺得很像新手背包客。兩者都是興高采烈地自己整備行裝，能量滿滿的去探索。

然後，新手上路，未去到第一個 checkpoint，已經發現帶錯東西執漏嘢、睇錯時間走了車、分岔路口選錯路、來回石地又折返泥灘、突發事件層出不窮。本想來個揹起背囊的自由浪跡體驗，怎料現實卻是一個有如《人在野》的生存遊戲。

這些都並非壞事，只要最後冇穿冇爛平安回家，下次定有進步，仍可再接再厲。只要享受過程，繼續燃點冒險的決心。

起初開始「Kidult Daddy 毒男爸爸」網誌的時候，就是出自這個背包客的角度，想用文章去記錄，這個育兒的奇妙旅程和點滴。

我是一個九型人格裏，非常典型的七號「冒險者」性格。我

很清楚自己，好奇心旺盛，興趣多多但專注力不足。努力放時間到寫文章上，可以令我的步調稍為減慢，去思考和反省自己的不足，從而改善一些為父的心態和行為，也可趁着記憶猶新時，留下回憶。

很感恩有這個機會，亦感謝為這本書出力的各位，把這些身為父母也有可能經歷的軼事，編集成書，和大家分享。

希望大家喜歡這本書，從中共勉。

Kidult Daddy 毒男爸爸
2021 年 3 月

目錄

第一章
毒男變爸爸

第二章
小男孩大世界

第三章
兄弟成長全紀錄

第四章

毒男談育兒

第五章

別忘了，夫妻關係

第六章
爸媽唔易做

第七章
毒男心底話

第一章
毒男變爸爸

華山論劍

二月份的某個清晨，天空飄着微微細雨，寒風刺骨。倚在山邊醫療大樓，薄霧裏浮現了一對男女的身影。

男的眼袋幾乎大過塊面，力竭筋疲仍然盡量為身邊人擋風。女的由頭包到落尾，就連臉上五官亦不能看到，而她懷裏，正是裹着包布的新一代傳人。

躲在人叢裏，幾經等候才能躍上一輛嫣紅的⋯⋯的士，只是短短十數分鐘的路程，無論司機技術有多高超，在這對男女來說，都是人生中最顛簸的一程。

一切全因懷中的血脈，在離開醫院的一刻，再沒有專業的貼身醫護，一對新手父母，要披起戰袍，走進三山五嶽，充斥不同育兒流派和教育理念，混和學者理論和土炮偏方的大世界。

冒雨迎風，好不容易才到達家門。站在門外，已經聽到響亮的笑聲，那道能深深打入耳窩的熟悉聲音，想必是「笑臨派」的媽子。

猛力拍門按鐘，希望聲音大得過媽子的笑功，等待應門之際，背後襲來一道濃郁的薑醋香氣。頭一回，看到「哦哦哦哦媚派」的外母駕到。

一回神，已經夾在兩大門派之首中間，那兩陣夾雜喜悅期待又充滿霸氣的力場，前後猛衝而來。

　　父母兩人深深吸一口氣定驚，但阿仔卻瞬間哭了，門也隨之而開。

　　踏入大廳，一道雄厚的聲音由廚房傳來，未見其身而先聞其聲：「哭喊好呀！喊得大聲啲！健康啲！」然後一隻充滿力量的手臂，抽着一埕糯米酒大步而出，原來「嘩山派」的外父，已經一早為女兒打點產後療養。

　　大門一掩，我和老婆已經被圍住，正當我還想禮貌地打個招呼，身邊的武林中人已經當我透明，目光全射到乖孫身上，不同流派的高手，頓時少有地表情同步，露出一個個慈祥的面容。

　　坐在老遠，窗旁梳化的另一端，看似入了定，卻肯定把周圍情況掌握得一清二楚的，是我的「空洞派」老竇。此時他才施施然起身，緩步湊過來。

　　和平的氣氛只有數秒，突然各人眼球一轉，橫掃一圈，同時伸手想抱抱孫兒！

　　各大門派的長老，瞬間像在飲茶時搶蒸籠裏最後一粒蝦餃的姿態，運起內勁，一起出手，四位武林中人，禮貌而不失霸氣地，把手臂在一兩個身位的超近距離，沒有碰撞地穿插，攻守兼備，去找機會把嬰兒一抱入懷。

阿仔仍然在放聲大哭，阿爸阿媽外父外母的手臂舞來舞去，畫面都幾壯觀。

我和老婆互望求救，心裏暗忖「俾邊個抱都死喎」之時，身後傳來一道異常冷靜的聲音，一雙臂從下而上，柔軟且巧妙的避開八條手臂，安全地接過阿仔，千鈞一髮之間化解了一場武林危機。

「哎呀，啱啱由醫院返來，換咗衫，換咗片先。」經驗老到，面對過百次如斯膠着狀態的陪月姨姨，四平八穩的逗着阿仔，入房整理，沿途哭聲也漸漸消退。

我回神瞥向各大長老，發現他們已收起了氣勢，像甚麼也沒發生過般安然坐下。其實，能夠親眼看見健康的孫兒，尤其是第一粒孫，激動地露出一招半式，實屬正常。明白的明白的。

這場像是華山論劍的高手雲集，是我成為爸爸之後，記憶中非常深刻的一幕。

當然，這只是一個開端。埋身肉搏的武鬥只會出現在開頭，之後的日子，會是一場又一場流派的文鬥，精彩程度有如江湖武俠小說。

「笑臨」的隨遇而安、「哦媚」的無限提點、「嘩山」的傳統思維、「空洞」的小心行事，在產後調理、育兒教養、待人接物、甚至基本的價值觀方面，各有所長且各有所求，這些各持己見一人一句的日常，是需要時間去習慣的。

有時候的爭拗，在於「武術功夫」未必與時並進，或是「內功心法」有別於其他流派。例如產後何時進補、偏向西醫或中醫、食奶嘴還是手指，往往可以拗餐死。

作為新手父母，亦是為人子女，只要時刻記住，長老們都是想把自己認為最好的，分享給下一代傳人。盡量避免爭拗，細心吸收，消化後兩公婆再作決定，是我經驗中的一個好做法。

奇妙地，很多時候當父母和長老們之間有不同意見，僵持不下之時，阿仔都會突然大哭起來，幫忙解圍。

真正的隱藏高手，說不定是深藏不露的這個新一代傳人。

高手過招，格外精彩。武功切磋的背後，蘊含着各大長老對新一代傳人無比的疼愛和期待。

坐月湊仔優先
尷尬放埋一邊

一個滿面鬚根、披頭散髮、神情呆滯、短褲踢拖的中年男子，閃出百貨公司的升降機，慢慢走近一個內衣專櫃。

「唔該……」男子冇嚟神氣的喃喃道。

「有……有乜可以幫到你？」店員連退兩步。

「唔該……我想配多一件，你哋有冇貨？」男子從紙袋中抽出一個胸圍。

「……」

「之前買唔夠，濕咗洗了乾唔切，想買多一兩個。」男子補充。

「嗯……我睇睇。」店員好像明白了甚麼。

「Thanks……」男子意會到店員的肢體語言，望望鏡。「嘩！頂！」立即撥一撥頭髮，點知愈撥愈亂。

「好少人會自己一個人嚟買，係餵母乳吧，好容易整濕嘅，不如買多三四個替換啦。」店員已經完全明白並冷靜下來，並進入了 aggressive sales mode。

「兩個得啦，只係買少少後備，驚洗唔切。」男子也進入 defensive consumer mode。

「四個好啲」同「兩個得啦」大約僵持了 15 分鐘。最後男子不致失守，在母嬰用品內衣舖只買了兩個哺乳胸圍，頭髮依然散亂，任務完成，打道回府。

故事説到這裏，這的確是活生生的分享，在太太辛苦地坐月休養，又要餵母乳的情況下，男人老狗幫手買胸圍來得理所當然，這是一個合理需求，更沒有尷尬的必要，雖然場景會有少許搞笑。

生育是一個非常特別的經驗，無論是媽媽爸爸還是整個家庭，都是新角度新體驗。成為父母之後，就算平常不太相熟的朋友，也會不忌諱地分享，畢竟每個生育經歷都不太一樣，變數太多，汲取多些經驗和睇法，也使 parenthood 變得更生活化和多姿多采。

有次幾個同事食午飯，有女同事剛剛產假回來，加一個有個兩歲仔的媽媽同事，還有剛為人父半年的我，講開一些產後問題，出現了以下的對話：

「阿囝啲屎噴得好勁又好難抹，有冇方法？」
「盡量用手兜啦。因為太 sticky and stinky，落咗衫仔床單傢俬清唔到㗎，兜落手反而好快就甩。」
「記得清潔好重要部位，小心唔好感染細菌。」
「你哋用邊隻牌子奶泵？我泵得好差，好谷又辛苦。」
「陪月教我用手鬆可能仲易啲喎，你叫老公幫下手揸啦。」
「多出嘅奶記得用來護膚周圍搽下，千祈唔好浪費呀。」

同枱另一個二十出頭的男同事，愈聽愈尷尬，見我們高談闊論，只能覷睏的説：「原來生仔真係好多學問⋯⋯」我們笑説，一點也沒有想到尷尬，因為這些都是生產過程一定會經歷的東西，情況就同看醫生相似，都要講得很明白才有用。當然，以上

對話全是朋友間吹水，只是經驗之談但並無醫學根據，唔好盡信。哈哈。

　　所以，下次見到滿面鬚根、披頭散髮、神情呆滯、短褲踢拖、用紙袋載着胸圍的中年男子，未必一定是變態佬，也可以是老婆坐月中的新手爸爸。

為父之後，不是面皮厚了，而是一切尷尬事已經沒有尷尬的必要。

相遇在人生的起點

經典一句「不能同年同日生，但求同年同日死」，何其浪漫的信念，更可以構成一個個淒美的愛情故事。想想，在茫茫人海之中，偶遇一個同年、同月並且同日生的人，實在需要一定的緣份。

毒男爸爸直到現在的人生中，有幸遇上兩位同年同月同日生的朋友，一位是大學時代的朋友，一位是高中同學，記得與他們相處，也好像帶點 soulmate 的感覺。與身邊的朋友比較，我遇到兩個已經算多，而到底時至今日，遇到同年同月同日生的朋友，可會相對容易一些？

答案是真的容易很多，因為與其相遇在人生的某個交叉點，倒不如相遇在人生的起點，即是出生那天。

阿仔一出世，已經聯繫了十幾個同年同月同日生的嬰兒，皆因資訊發達，一班期待中的準媽媽，在一連串害喜症狀的伴隨下，一早在上網吹水攞料購物互相鼓勵，造就了很多媽媽群組的成立；當新生命到來之後，同一日生產嬰兒的父母，就自然聚在一起組成更細小的朋友圈，為這班同年同月同日生日的小朋友對親家，sorry，是為這班小朋友找成長伙伴，當中家長間也可互相支持和交流。

還記得阿仔出世的那天，在助產士處理老婆產後事宜的時候，一個人無力跌坐產房外，淡然一望，身邊已經坐了一個比我更頹的爸爸，我們用僅餘的氣力作非常簡短的對話。

　　我：「Hi。」
　　佢：「你好。」
　　我：「我哋 1A。」
　　佢：「哦⋯⋯原來隔離，我哋 1B。」
　　我：「兩個小朋友好似只係相差十幾分鐘出世。」
　　佢：「係呀，睇住姑娘將器材推來推去，唔知邊個出世先，哈哈。」
　　我：「恭喜晒！」
　　佢：「恭喜！恭喜！」

　　就是這樣，我們連笑也沒甚麼氣力地交換了聯絡電話，及後發現他也在同年同月同日生的小朋友群組裏，這就是科技資訊發達的力量。

　　我很珍惜這些群組，因為可以定時定候提醒大家小朋友重要的成長歷程，理所當然互相祝賀生日、健康狀況如恆常檢查疫苗接種、每個「第一次」如大小便情況、開口説話、戒夜奶、戒片、出疹、敏感、高燒⋯⋯儘管每個家庭每個小朋友也是獨一無二，但定時定候出現的這些共同話題，一些人生必經之路，也是很好的參考；還有一定程度的篇幅，是互吐苦水，分享與長輩在湊小孩上的棘手軟事，和小朋友成長的高低起跌。

幾個時間夾得到，又傾得埋的家庭，間中出來相聚一下，又可以開開心心大談近況，基本上 Trouble Two 的嘔心瀝血、選校入學的左撲右撲、旅行癮發作拋低細路的念頭等令人費煞思量的難題，都會同期出現在這班同年同月同日生的小朋友身邊，家長們兜口兜面大講一餐，實在很有共鳴又開心。

我們幾家人不久之前又去了一聚，比起之前見面，小朋友又長大了。就算是同日出世，幾歲的他們已經開始有自己的個性，看着他們，慢慢由一嚿飯，成長到現在，感覺的確很特別。有時候和這幾個年齡一模一樣的小朋友互動，提醒自己不要故意作出小朋友間的比較，因為性格和特長各有不同，要懂得欣賞小朋友的長處，加以發展；要懂得體諒他們的短處，加以提點改善。

很珍惜子女可以遇到一班同一日出生的小朋友，期待他們定期也會一聚，一起見證成長，分享生活經歷。至於能否對親家，延續戲劇性的配對，就隨緣好了。

同年同月同日生，未必同聲同氣同際遇，但能夠互相見證成長。如果對成親家感覺就更妙（誤）。

健康難求

每個新手父母，都會對孩子做出一些匪夷所思的舉動。最深刻的，莫過於倚在床邊看着初生阿仔，檢視他的胸口起伏，可以 15 分鐘定格無意識地再三確認他仍然有呼吸。不是説笑，根據非正式統計，所有（冇錯，是所有！）新手父母都有做過這件傻事。

除此之外，兩夫妻都有一種慣性，就是視對方為戰友，每分每秒都會並肩作戰。檢視呼吸、安撫入睡、沖涼清潔、餵奶換片，就算幫不上忙亦會在旁打氣，送上無限精神支持。

千祈唔好啊！！

我忍不住再三提醒，作為過來人的分享。如果你真的視老公老婆為戰友，應該策略性地輪流休息。因為照顧小朋友的心力，和當中不能控制的因素，會令人感到非常疲累。而且育兒是一場長久戰，不是爆炸性的游擊打法，偶一不慎，很容易全軍覆沒。

初生嬰兒到大約兩歲，醫療需求相對亦比較大，呼吸不暢順、原因不明的發燒、必需的防疫針、定期發育檢查，除了留在屋企照顧之外，全家去得最多的，就是醫院和診所。

現在回望，我的兩隻馬騮也出入過醫院很多次，就連護士長也認得我們，以「咦又見面啦喎」來給我們打個詭異但親切的招呼。

翻查記憶，讓我分享一下，兩兄弟給我印象最深刻，過了這麼多年仍然記憶猶新、位列榜首的兩次健康事件。

有一次，哥哥持續發高燒，用了退燒藥溫度仍然非常反覆，就算是醫生也不知道確實原因，只能不斷監控他的體溫，需要時就要入院。

那個星期，全家也陷於焦慮之中，看着發燒的哥哥，體溫持續高企，有時仍然莫名地精神奕奕，有時卻非常疲倦。我們也一直有和醫生聯絡，報告情況。

順帶一提，小朋友發燒是家常便飯，只要行得走得，精神沒有異常，基本上只是父母感到傍徨而已。直到有一晚，哥哥突然變得呆了，軟癱在床上，這是一個非常大的警號。

我們二話不說，飛車去醫院。去到醫院，哥哥的燒已經差不多接近攝氏 40℃，是危險區域。醫生努力令他退燒，同時亦建議入院。

但那時候，正值流感高峰期，醫院爆滿，一房難求。急症室已經很幫手，為我們預備轉介信，而我們便一起打電話到所有私家醫院求救。

那一次，看着高燒的哥哥，無助地躺在急症室的病床上，是我人生中最驚恐的幾個鐘。

最後，我們找到一間位於山頂的私家醫院。當我處理好入院

手續，老婆則留院陪伴，安頓好哥哥並確保他已退了點燒，才發現自己筋疲力盡，跌坐在醫院大堂。此時，迎面是另一家人，抱着一個小女孩直奔入院，重演着我一個鐘前的經歷。

就這樣，哥哥體驗了人生首次的猩紅熱，而我則體驗了人生最貴的醫院賬單。

接下來是細佬的故事。他自小便有很嚴重的濕疹問題，而我們用了很多方法，也未能夠確定致敏源。

他的肚腩和小腿是重災區，除了長期紅腫以外，亦有不同程度的感染。基本上，他總是在「痕、挖、挖完更痕、痕又再挖」的惡性循環之中被折磨。

然後有一天，不知道是吃錯甚麼還是做錯甚麼，細佬的濕疹突然惡化。除了皮膚潰爛嚴重了，更整天未能正常進食，所有吞下的東西，不出一分鐘，就會全嘔出來，甚至連飲水也會噴着嘔。醫生相信，是因為敏感而導致的食道感染。

作為一個吃貨，沒東西落肚的細佬，當然喊到拆天，而醫生也建議吊鹽水，直接輸入水分、藥物和一些基本營養。但由於細佬的年紀太小，手部的血管微細，所以要從腳跟的血管「種豆」，即是那條導入點滴的靜脈導管。

細佬被帶入準備室，老婆隨行和護士一起幫忙。我坐在病房層的走廊，隨即聽到細佬的掙扎慘叫，聽得心也震起來。

突然，一位護士探頭出來大叫：「爸爸即刻入嚟！快啲！！」

我心一驚，不知是否有突發的醫療問題，要我即時介入……

然後，那位護士補上一句再叫：「快啲！媽媽唔得呀！！」

吓？我即時黑人問號……乜事突然係媽媽唔得？？!

一入房，看到老婆兩行眼淚，僅僅把手放在細佬的小腿。

另一個按着細佬的護士補充：「媽媽太心痛，爸爸你過嚟幫手大力撳住阿仔隻腳。只係痛一下，種好導管係成功第一步。」

最後護士長親自出手，很快便幫細佬種好吊水導管。果然吊了鹽水之後，細佬即時生猛番。經過一整天，細佬也慢慢地康復過來。

而細佬噴嘔和護士那句「媽媽唔得呀」，就是繼哥哥高燒到呆滯之後，另外兩個令我印象極深刻的畫面。

其實，要詳細分享有關阿仔幼年的病榻經驗，真是講一整天也講不完。擔心之外，亦要感謝經驗豐富的醫護人員。

我不寄望家裏的藥箱可以變成首飾箱，只希望它永遠備存在某個角落，封塵而不需要再拿出來，就足夠了。

特務E二三事

幾個月前有一日，我下午放假，坐着發呆。突然發現身邊有個人，有點不專心地做着本身應該專心做的事，間中有意無意望着我，直覺和傻強告訴我，這個人相當有可能是警察。

與其説是「警察」，我用「特務」可能更加貼切。因為這個人，能夠巧妙地避開所有 webcam，善於隱藏，心思細密，力大無窮，表情豐富，仲時常估佢唔到。

是誰？她正是 Eso，毒男爸爸家裏的工人姐姐。而林林總總特務般的技能，都只是她一些無傷大雅的偷懶術。

首先要説明，我並不介意工人姐姐偶爾偷懶一下，如果夫婦也要工作，在假手於工人照顧小朋友的前提下，很難要求工人姐姐做到事事盡善盡美，去到如父母級的質素。講到尾，我們和她們一樣，都是打工，不同的只是地點在「辦公室」和「家庭」而已。練精學懶間中哨哨，實在是人之常情。

我和老婆嚴選了幾件工人姐姐在家打工時，令我們大開眼界的軼事。不得不佩服她的諗頭。舉一反三，有些方法還可以套用在我們日常的「扮工室」裏：

1. 永遠拿不到的書

之前家中放了書櫃，為的是小朋友可以容易閱讀。有一天早了回家，坐下正想隨手拿本書讀給阿仔聽，怎料原本用手指一勾一拉的拿書動作，最後要用上雙手去拿。當我細心去查看，發現個個書櫃也一樣……

目測，整整齊齊的書架和存書處，應該沒甚麼大問題吧。原來為了方便執拾和防止小朋友亂掉書，Eso 居然把書攝到實一實，實到成人去拿也有點困難。

當我正想召喚她多加提點的時候，身邊的阿仔竟然輕鬆一勾，身體重心向後一墜，就輕易地拿出了本書，施施然坐下就看！我心底「嘩」了一聲，驚嘆小朋友的適應力竟然如斯驚人。

最後，我幽 Eso 一默，鄭重多謝她教曉了一個一歲半的小朋友掌握槓桿原理，並靈活運用去拿書看。她很不好意思，從此書櫃便回復正常書量和合理的存取輕易度。

2. 消失的魔法

就算家裏裝了 webcam，Eso 仍然可以找到鏡頭的小型死角並完美隱身。最厲害是不單止自己隱身，而是可以帶同小朋友一同隱身！有時工作時候記掛屋企，想一窺阿仔的生活點滴，明知他和工人姐姐一定在家，但望 webcam 卻看不見身影。

打個電話，才知道他們正在一個細小的 webcam 死角玩耍。Eso 的理由（藉口）是阿仔很愛這個死角的小陳設，所以常躲在

那裏。其實我從來沒有介意她有限度偷懶，只要不會因此而局限小朋友的生活範圍就可以了。

最後，我和老婆下了一個簡單清晰的指示：無論小朋友喜歡甚麼小陳設，請連人帶物一同帶到 webcam 可以影到的位置，讓我們可以間中看看他，以慰藉父母想念之心。

自此之後，我們可以隨時隨刻都看見小朋友，只是 Eso 仍然偶然消失。沒關係，反正我們的注重點只是想見見阿仔，目的算是達到，其他算數。

3. 光速收拾法

我們一直也不介意，工人姐姐早點完成預定的家務，就可以早點休息。就是因為想爭取休息時間，Eso 的收拾速度簡直快如光速！地上的玩具、散落的書本、用完餐的餐具，她也能極速清理。

其實我應該為此而開心，但她真的太快，很多時候反而會造成一點壓力。我試過斟水飲，還未飲完只是放低一下，轉個頭已經被收走，甚至清洗乾淨。阿仔看書途中，只是放低書本在梳化，入房找我去解讀部分內容，一出廳發現所有書本已經被放回書櫃，要立即問 Eso 才知道被收到哪裏。

久而久之，全家人會把未完成的東西都拿在手，好讓閃電Eso 無法極速收拾。最後，我們沒有主動要求她放慢速度，因為對於沒有手尾的我們一家來說，這倒是一個頗有效的改善方法。

不知大家家裏的工人姐姐，有沒有一些獨特技能和搞笑軼事？大家又怎樣應對？

家居斗室細小，卻隨時有個身手不凡的特務潛藏其中。你好我好，還是開開心心一同相處吧。

「好」的定義

每隔一段時間，就會出現一些媲美「百萬富翁」或是「人生交叉點」的育兒難題。這些問題，並非困難得找不到答案，而是當我四處找尋解決方法的時候，出現了非常兩極的觀點和做法。

愈用心力，用更多時間去蒐集資料和思考，反而會越來越迷失：生完立即進補還是坐完月才補身、打唔打流感針、食唔食抗生素、傳統本地學校或是國際學校、低敏奶粉或是肥仔奶粉、給嬰幼兒食手指還是食奶嘴，這些就算翻盡天下的書，問盡各方的專家，還是不會得到一個一面倒的答案。

這些問題都有一些共通點，就是原本被廣泛接受的方法，由於時代的變遷或是新派學說的出現，選擇慢慢變得不再直接。而且，這些都不是單一決定，而是大大影響往後路途的分岔口。舉例說，選擇傳統或是國際學校，已經是兩條截然不同的學習之路。

問左問右，很多人最終都會得到一句：「找一個為子女好的選項吧！」

那麼，甚麼謂之「好」？

有時我真的想，直接問阿仔想點就算。遺憾他還不懂得說話，只會眼仔碌碌望住我，給我一個「爸爸媽媽你揀啦」的天真

無邪表情。這樣確實令我非常難做。

有好幾次，我愈想愈亂，就去問我媽子，究竟以前在這方面，是怎樣選擇和湊大我的。她每次的答案，基本上都是模稜兩可，我高度懷疑她是「佛系」，用擲骰仔轆鉛筆去給我選擇，然後隨遇而安。

記得當我還是小孩的時候，是自己一個人去屋邨球場踢波的，輕則被小混混騷擾，重則「磨薑」雙腳膝頭鮮血直流，感覺有點像放養式，自己摸索，自求多福。

回顧早一兩代家長的教養方式，又的確是如此，有些甚至更加瘋狂。很多父母會有一種「早試早明白」的概念，甚麼也給小朋友試。我的老爸就在我五六歲的時候，在海灘正中央拋我落水，認為我會自己學識游泳，最終當然是學不懂，還令我終生怕水。我有位朋友和我分享，他的父母甚至早在他十歲未到的時候，已經給他試飲威士忌，甚至吸煙。（現在千萬不要做，犯法的！）

到了這一兩代的育兒模式，情況就來個大逆轉。醫學發展迅速，和兒童精神健康有關的評估和診斷，包括專注力不足、過度活躍症、感統協調問題、自閉症，都不斷發展新的研究和學說。還有一直在嬰兒界「享負盛名」的生理病症，如流感、猩紅熱、頭暈身㷫、屙嘔肚痛、發高燒、持續低燒、出疹、皮膚敏感、濕疹、斜視弱視、鼻敏感，只是把這些專有名詞羅列出來，就已經頭都暈。事實上，在阿仔三歲之前，他是經歷了以上所有的評估和病痛。沒錯，是所有！

除了嶄新的醫學知識和五花八門的學說之外，現在網絡媒體發達到一個失控的狀態，任何人都可以在網絡上找到任何資訊，亦可以在網絡上發佈任何資訊，這樣令資訊的真確性更加難於判定。

　　由於以上所有因素，到頭來「好」的定義，會因應找到的資訊的角度和出發點不同而有所不同。每一句「為佢好」，可以建基於學術觀點加上數據支持、因資訊媒體渲染而構成的相信或是誤信、人人都可以是專家的網絡世界、四大長老幾乎失傳的偏方、甚至純粹是父母當刻的個人喜好。

　　我倒真是沒有信心，為每個育兒上的決定蓋上必勝的信心。

　　老生常談，世上沒有最好，只有最適合。但在連表達自己也未能掌握的嬰幼兒子女面前，新手父母只有無力感，無論「好」還是「適合」根本無從稽考，最後還是要憑幾分感覺去選擇。

　　所以我覺得，只要撫心自問，如果在作每個決定之前，已經盡全力去了解所有選項，真心由子女的角度出發去選擇，就應該無悔所選，然後踏破荊棘繼續向前走。

眾多選擇，如何是好？本以為子女年紀小難分好壞，後來發現就算是父母也有選擇困難。

毒男一家
-語錄-

你話阿仔似你定我多啲呢？

根據達爾文嘅進化論概論，
優點一定似媽媽。
至於缺點就⋯⋯

似爸爸？

唔係喎。缺點都係似媽媽。
哈哈！

吓?!

講笑啫,
重點只係唔好似我就得~

話時話,其實我嘅缺點係乜呢?

哈哈……你邊有缺點呀!
點會有啫?梗係冇缺點啦!……

第二章
小男孩大世界

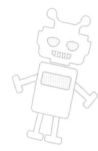

懶床攻防戰

大家時有所聞，所謂「假期後症候群」，是一個典型的都市病，泛指長假期後，因要再返工返學而感到的焦慮害怕、四肢無力、胃口欠佳、精神緊張等症狀。農曆新年長假期後的第一個工作日返學日，家裏多了一個成員病發：阿仔。

秋冬天氣凍，試問又有誰人能夠敵得過溫暖的被窩？說到底毒男爸爸已經幾廿歲人，對這個候群症，已經病重得每日起身返工都有焦慮害怕、四肢無力、胃口欠佳、精神緊張等恆常症狀，但現實歸現實，我典來典去仍然會爬去梳洗，死死氣返工……但是，剛病發的小朋友又如何？

今早，一眼望去阿仔張床，心知不妙。因為這條大大的懶蟲，很明顯睡醒了，卻攤在床上，更瞪大眼看着我，面露微笑並擺出一幅奸巧的模樣……

其實對這情景，我們已經有充分的心理準備，對於一個只有三歲多的小朋友，「假期後症候群」比較明顯的徵狀應該是行為比正常粗魯、高聲說話和諸多藉口不去返學。

果然，望了兩眼，他已經大叫：「爸爸唔好睇住我啦！」

我還了個微笑：「爸爸去換衫返工呀，你要做乜呀？」

「……」大懶蟲擺明車馬，由床頭碌到床尾，再由床尾碌回床頭。全程目光沒有離開我，更附送奸笑。

「喂！爸爸換衫返工，你要換衫返學啦。」我認真說。

「我‧唔‧返！」

這時候，家長們不要大聲責罵，也不要威嚇小朋友，因為這樣只會增添壓力，令小朋友更加抗拒，適得其反。就算他們勉強服從於父母的威嚴之下，長遠也會積壓情緒，並非好事。

其實臨近返學之時，我和老婆做了以下幾個工夫，好讓他習慣重返校園：

1. 一起做功課：盡量避免在一兩日內完成所有假期功課，要把它們當成日常作業，令小朋友持續返學時的常規。就算作業不能每日都有，也盡可能在同一時段，做一些和學習有關的活動；
2. 和同學見面：相約幾個方便的同學仔，一起逛逛街，食餐飯，不需要大型活動，主要旨在使小朋友不至於忘記學校和同學相處的時光，加強牽絆；
3. 談談新學期：和他看看返學後會學的新課本，但緊記，是勾起他們一點學習興趣，而非學習課文內容；無論是怪獸家長上身或是一時技癢，也不應太過教授課本內容，否則小朋友會失去興趣，也使他們日後上課時因已學習內容而悶極。

以上只是我們盡力在事前為阿仔的心理上做些準備。而面對「我．唔．返！」三個鏗鏘的字，我回了個微笑，蹲下來：「尋晚已經講好，爸爸今日同你一齊返，我返工，你返學。」

阿仔因為真的答應了，有點軟化。情緒稍有緩和，但一籮藉口隨之而來：「但係我唔想返學喎……」

我：「點解唔想返學呀？」

阿仔：「因為校車好嘈……我唔鍾意嘈喎。」（藉口！）

我：「爸爸可以叫小朋友靜啲，一齊靜啲。」

阿仔：「但係校車好搖，我又唔鍾意搖喎。」（另一個藉口！）

我：「爸爸可以叫司機叔叔開車慢啲，搖少啲。」

阿仔：「但係同學仔同司機叔叔未必聽爸爸講喎。」（你又嚟！）

我唯有轉話題：「記得上次去活動，同學Ｗ送零食俾你，你話要返學親自多謝佢喎。」

阿仔：「嗯，其實……我覺得佢今日都唔會返學囉……」（！）

好！再轉話題：「如果爸爸同你一齊返學吖？」

阿仔：「爸爸你唔使返工咩？」（！！）

小朋友也很清楚知道他們一定要上學，但扭計是他們的強項，此時耐性比任何方法來得有效。老婆目睹整個過程，事後說我無聊，但我卻很享受這樣的父子互動，對答也有助他發展邏輯思考。

正當我和阿仔陷入「千日戰爭」的無止境對談，樂在其中之時，媽媽一句：「爸爸唔好講啦，你早餐嘅蛋已經準備好啦，你去食啦。」

「哦！」我無奈收手，對阿仔說：「我真係要返工啦！」然後轉身離開。但由於阿仔已經由扭計懶床轉成嘻哈對話，情緒平靜了，加上用他最愛的蛋做招徠，他居然默默地落床，乖乖去換衫食蛋，然後若無其事地返學。

　　上課時間開始後，翻閱家長群組的對話，發現類似的攻防戰，並非毒男家獨有。長假期後，其他小朋友原來也和爸媽在懶床友誼賽中互相角力一番。

長假期過後，要劏小朋友起身，比劏起千年貼紙痕跡更加困難。

無價之寶

有一晚放工後，疲累到一個點，換了一套輕便的衣服後，只能靜靜爬到梳化坐着，細佬已經入睡了，哥哥則坐在一旁看書。

「爸爸，你睇下我塊面幾滑！」哥哥坐到我身旁，捉住我隻手去摸。

「係喎，好滑喎。小朋友塊面當然比較嫩滑啦。」我輕輕地搣他塊面。

「爸爸唔係小朋友，塊面都好似好滑呀。」佢搣返我塊面。

「吓？係咩？好滑咩？」我暗爽。

「咦？呢啲係乜？」哥哥好奇地摸着我面上幾道較明顯的暗瘡疤痕。

我完全不明白，這晚哥哥為何突然對我塊面有無窮興趣，毒男爸爸塊面其實一點也不滑，但幸運地，一世人也只是生過幾次暗瘡，最嚴重一次，是在哥哥出世頭一個月出現的「黑色三連瘡」。那時是超級新手爸爸，甚麼也不懂，壓力大作息時間紊亂，所以一爆暗瘡便是一次過三大粒，情理之內，一個一生人也沒有生過幾次暗瘡的我，當然完全沒有意識去好好處理，所以暗瘡過後，面上就留下這些顯眼的疤痕。

「呢啲叫疤痕，爸爸之前生暗瘡，好似俾一隻好大嘅蚊咬過，好返之後就有啦。」我試着用哥哥明白的言語去解釋。

「……」哥哥的表情非常迷失。

「其實呢，呢啲係你剛出世嘅時候，爸爸媽媽努力去照顧你，冇時間休息所以生粒粒。我話俾你知吖，嗰時你只有我半隻手咁長，啲手腳好細好細……」

這些疤，是兒子在身上留低可觸碰的印記，我視它為不用錢的天然紋身，何其浪漫。就是這樣，那些暗瘡連帶的光景，在我的腦海不斷重現，我開始對哥哥細說他幾個月大的有趣事，而他也一直靜靜地細心聆聽。

「……所以呢，呢幾粒係爸爸心中，非常重要的小禮物。」

可能因為這晚我的樣子太累，或是哥哥感受到我之前冇覺好瞓的付出，又還是軼事太悶他太眼瞓，他好像若有所想，然後默默地走去書櫃那邊。

哥哥拿着貼紙簿返回我身邊，打開其中一頁：「爸爸，你揀一個，我送俾你吖。」

毒男家有一個鼓勵機制，每當小朋友做得好，我們會送他貼紙，這些貼紙會適時兌換一些小獎項，在還未對錢財有概念的哥哥而言，這些貼紙，是他最珍貴的東西。

我很難用簡單的文字去描述當下的感覺，在和自己孩子一起回味湊大他的軼事，到他突然在你面前分享他所愛，那種默默做好父母的責任所得到的回報，就算是一個小貼紙，拿在手裏是一種說不出的窩心和感動。

　　「你……你真係送一個俾我？」我真的受寵若驚。

　　「係呀！」哥哥誠懇地看着我，再篤了兩下我面上的暗瘡疤痕。

　　我熊抱了哥哥，然後把貼紙貼在手提電話的背面。

　　記得以前有一位公司同事，型佬一名，身光頸靚衣着入時，明顯對自我形象要求非常之高。有一天，我們發現他的名牌公事包上，掛了一個格格不入的小毛蟲扣子。

　　當時我年紀小，還打趣說這個扣完全破壞了他的神級形象。他只是輕輕笑一笑，面上沒有半點不悅：「我個女夾硬掛上去……嘻嘻。」

　　今天我終於明白。那時候，在西裝筆挺的型男身邊，那條在 Burberry 公事包上搖來搖去格格不入的小毛蟲，才是他身上最引以為傲的 accessory。

小朋友擁有的不多，任何他們肯割愛送給父母的禮物，都要好好珍惜，儘管掛在身上總是非常的格格不入。

一起砌出閱讀天地

自小喜歡砌模型的毒男爸爸，已經久久未掂過家中的工具箱。GUNPLA 魂還在，間中技癢實在在所難免，不可砌模型，那有甚麼可以砌？

近日機會來了，哥哥細佬日漸長大，家裏需要做一些小改動，客廳需要加多一點放書空間，為使兩兄弟可以養成更好的閱讀習慣。

抱着不放過任何學習機會的精神，這次由一開始，已經計劃和哥哥一起上一課，學習怎樣由一幅牆架起一排書櫃。過程完全跟實際工程施工一樣，大致分為三部曲：

1. 工程概念；2. 實際施工；3. 書本上架。

而身為 *Bob The Builder* 小粉絲的哥哥，應該一點也不陌生。好！開始！

第一步：工程概念

首先，兩父子對住幅牆，我指手劃腳，和哥哥講解完工後大概的模樣。平時媽媽已經常帶他到圖書館，我就說完成後就像圖書館，但就只有一面櫃，而且相對比較矮。只靠想像，哥哥居然可以對着白牆，彈了一句比我更貼切的形容：

「即係好似學校放書包個櫃？」完全正確！

然後到周末，我帶他到傢俬舖看看建材，他一見到琳瑯滿目的書櫃，已經非常興奮，還說要買和學校書包櫃相同顏色的。我心諗：同屋企個廳撞色喎，阿仔……

訂了貨，在等待送貨的一星期裏，哥哥日日問書櫃幾時到，又不斷提我要和他一起砌，煩得來卻非常可愛。我知他十分期待，就叫他在等的同時，想想書要怎樣放。

第二步：實際施工

千呼萬喚，書櫃到了，哥哥放學看到，開心到跳起。我們待飯後，開始真正施工。他還特意叫我等一等，走去戴上腰帶，然後在腰間插滿 *Handy Manny* 的工具朋友仔，造型一點也不馬虎。我和老婆失笑看着他，他倒是一臉認真：「我準備好啦！」

要一個三歲多的小朋友砌傢俬，還是有些勉強，但請他做小幫手，分拆一些小工序給他，相對容易得多。其實一早，我已經做了簡單的分件，把大件的木板和尖尖的釘子分開放。而我請他做的，主要是以下幾個程序：

1. 把入榫的木塞正確地插到木孔（參與要點：分辨正確位置、小肌肉訓練）；
2. 用小錘打實木榫（參與要點：認知玩具和實際工具的分別、力度運用、教導安全意識）；
3. 幫助搬動木板放上榫位（參與要點：親子合作、手眼協調）；

4. 由上而下用力拍實木板（參與要點：基本只是練力、同時放電）。

用了一個多鐘頭，我們足足砌了三個書櫃的基本結構，而對於小朋友和我這副老骨頭來說，已經是大大工程。之後待他睡覺後，我再靜靜地完成餘下的小工序，並固定好。

這裏有幾個注意點：

1. 搬動大木板時注意平衡，因為大人和小朋友力度不同，一不小心容易受傷；
2. 留意尖部件和突起物，移動時要時刻提醒小朋友小心注意，否則會插傷；
3. 緊記把書櫃固定在牆身，避免翻倒，已經有太多有關牆櫃塌下的意外，造成嚴重傷亡。

第三步：書本上架

一覺醒來，一幅白牆前已經排放了一排書櫃，哥哥見到又一輪興奮大叫。我問他想好書要怎樣放，他有紋有路指手劃腳地答：

「細佬啲書放最低，等佢容易攞。上面放我啲書，同堆貼紙書，因為唔好俾細佬亂搞。呢度放媽媽啲煮嘢食書。」佢真係諗過，仲要識保護最愛的貼紙書！

「咦，咁呢兩格呢？」我指着哥哥故意沒提過的角落位置。

「玩具都要有位吖嘛，呢度放玩具。」他偷笑。

然後他返學我返工，晚上回來，書櫃已經放了半滿，工人姐姐話我知哥哥放學後用了全個下午去上架，又捉住細佬講解，十足小管家。（細佬只有歲幾應該不知哥哥說甚麼。）

　　有了書櫃之後，書本隨手可及，兩兄弟的確多了閱讀興趣，見他們拿起書就坐低翻看。老婆似乎也非常滿意我的工程，我想在她的角度，砌書櫃總比砌模型好。

　　相信在整個過程中，哥哥也從參與和實踐中學到了新知識，亦非常開心。因為他在這星期，不斷無限 loop 哼唱這首歌仔：

Bob The Builder, Can we build it?
Bob The Builder, Yes we can!

工欲善其事，必先利其器。想要小朋友愛讀書，又怎能不騰出空位去放個書櫃。

大染缸

有日，當時快將四歲的哥哥，看到我雞手鴨腳把煎蛋弄跌到枱面上，就衝口而出叫了一句"Oh My God!"

雖然這句"Oh My God"沒有甚麼大不了，但出自一個三歲多小朋友的口，的確令我和老婆呆了一呆。哥哥很少見我們呆，於是得意洋洋地，笑着再補多句"Oh My #&%@ing God!"……

當刻我們就真的完全呆住了。雖然他的發音並不準確，但我們肯定知道他在說甚麼。

然後我們開始疑惑了，因為平常他所接觸的，包括學校教學、和四大長老相處、以及遊樂場玩伴，也是用中文的。他們也很少看電視，就算是英語頻道，我們也會選擇完全適合小朋友的。那麼，何來一句"Oh My God"，更莫說之後的那句"Oh My #&%@ing God!"？

俗語有話，娛樂圈是一個「大染缸」，意即裏面太過多姿多采，可以接觸到的人和事，遠超其他地方。就像是一塊布浸在染缸裏一樣，容易吸納不同的染料，被色彩染塗影響。

如果你問我，小朋友的世界裏，有沒有類似的「大染缸」？經過一輪查證，我們有了答案：校車。

如果是在職父母，除非家長每日可以抽空，計劃好上下班時間去接送，否則就算車程不長，也會用上校車，需要的不單是接載，而是能夠確保小朋友，在看管下可以安全進出校園。

校車上，會有不同級別的小朋友。單是幼稚園最低和最高班，正值幼兒的猛長期，三年之差已經有很大差別。然後就是小學的小一到小六，又是另一組大距離的年齡之別。

處於低年級的哥哥，面對已經被熏陶幾年的大哥哥大姐姐，自然好奇心爆滿，主動交流。哥哥姐姐也當然不會錯過，享受成為一眾仰慕眼神焦點的滋味。隨着升班，小朋友之間的話題延綿不絕，跨越年份，造成了一個短縮版的學習鏈。

正面來看，不需要學校刻意安排，校車已經是一個學習功率非常高的混齡學習環境。

校車還有一個升級版，就是保姆車，主要是服務一些交通隔涉或是非學生主流居住的地區。由於要走遍不同區域，車內除了「混齡」之外，還會有「混校」情況。

不同學校的學生，會因位處校區或學校理念，有着不同的學習和成長經驗。造就了不同特質的小朋友走在一起，使他們的交流更多姿多采，簡直算是兒童版的蘭桂坊。

毒男爸爸的兩隻馬騮，校車和保姆車也乘搭過。他們會無緣無故，彈出幾句完全估計不到的説話，或是我們肯定沒有教過他們的東西。當中好壞參半，我內心也冒汗喊過不少次 Oh My God。

我並沒有任何貶低校車之意，反而是驚嘆，在短短兩段來回車程，一班只是每日一小聚的小朋友，居然可以分享和學習這麼多的課外東西，覆蓋面比學校和補習班還要多。

這幾年，我歸納了兩隻馬騮在校車歲月裏，學會了幾款比較突出的「知識」，包括：

1. 掌握了一些在狹小空間就可以玩的小遊戲，例如用拇指的手指相撲和不同變化的猜拳，甚至猜枚。
2. 開始識路，而且知道每個校車小朋友所住的地區和一些有關的地標和景點，尤其是大型玩具店的所在地。
3. 身為男孩，居然也認得出大部分迪士尼公主角色，甚至講得出連我也講不出的，*Tangled* 裏的 Rapunzel。
4. 其他多不勝數的卡通片，交流片中角色和互相討論，包括《寵物小精靈》、《爆旋陀螺》、《數碼暴龍》、*PAW Patrol*、《海綿寶寶》……（下刪一些我聽都未聽過的作品）

我的經驗，是要多主動對話，嘗試了解子女經由這些特別渠道所吸納的事物，因為這些「非課本的知識」是無跡可尋的。無論好壞，也最好能夠適時知道，並好好加以引導。

到有一天，才驚覺子女除了 "Oh My #&%@ing God!" 之外，居然還懂得靈活運用中文粗口和粗口手勢，那就真的太遲了。

小朋友人細鬼大，一定不是因為歷練很多，有可能是他的顏技出眾，年紀小小就有山田孝之級數的可塑性。

我相信細路如一面鏡

每一次完成歷時比較長的課外活動，例如一些假期體驗營或創作工作坊後，通常會有小茶敘，與素未謀面的導師和家長，去傾談和分享小朋友的參與程度和課堂表現。

不止一次，咬着餅乾呷着茶，和剛碰面的導師打招呼，劈頭第一句，就能夠立即進入狀態，開始講一些阿仔的整體表現和觀察到的地方。

今次的導師是個充滿笑容的中年叔叔，小朋友們也很喜愛他那親切互動的教學方式。他眉飛色舞地發表了對阿仔的千字長篇感想之後……

「哦……」我和老婆的神情帶點疑惑，努力消化內容之餘，亦想確認到底他是否講緊我阿仔。

「啊！係嘅係嘅，其實佢真係好叻㗎。就例如……」導師明顯會錯意，很識做地把阿仔的長處，大大力讚賞一番。

「老師……唔好意思，可能我哋個樣太疑惑。其實我想問，你知我個仔係邊個㗎可？」我連忙解釋。

「梗係知啦！」導師氣運丹田，大叫出阿仔名字。他亦鬆了口氣，明白原來唔係因為面前這對麻煩家長覺得讚唔夠。

「第一次見就知？」老婆驚訝。

「吓！好明顯喎。你哋餅印一樣㗎。」導師把阿仔叫了過來，用畫家一樣的手勢、羅莽師傅的功架，在阿仔和我們之間畫符般揮來揮去，力證他沒有睇錯：「嗱！你哋睇！呢度、呢度、同呢度，幾似！仲有佢嘅言談舉止，一睇就知係一家人！真係走散咗都一定搵得番！」

阿仔一頭霧水繼續塞糖入口，我和老婆則相望而笑，導師就樂在其中，已經沒有人再在意阿仔的課堂表現。

俗語有話 Like father like son，有其父必有其子（當然不止爸爸，也可指媽媽），意思是子女會不知不覺地被父母影響，身邊的朋友很容易會發現，兩者有很微妙的映照。

個人覺得，這種鏡像效果，主要源於身教，在待人接物、肢體小動作，或是特有的個性方面尤其易見。

幾歲的小朋友，知道最親的就是父母，他們會無時無刻主動地留意父母的一舉一動。毒男爸爸家裏的兩隻馬騮，更打正旗號亂入我和老婆的閒聊之中，綽號「雷達仔」的哥哥，有時更會突兀地背着我們，但明顯是偷聽我和老婆的對話。

記得不止一次，在派成績表見家長的面談中，老師分享阿仔上堂時候的一些獨特舉動，我和老婆都不禁會心微笑，因為我們記得，一些怪奇的舉動是從某件的家庭軼事而來的。

這種投射關係有點微妙，起初以為，只是一舉一動和説話內容，會不知不覺地從日常生活中影響子女；但原來我們也會把一些人生中的遺憾，轉化成期望，一併投射到子女身上。

毒男爸爸小時候，家境不足以買很多玩具，每次路過玩具店，也是隔着玻璃窗細望，夢想有一天能夠擁有它們。生了兩隻馬騮之後，我買玩具給他們是相對疏爽的。當然也不會太過火，全因身邊有老婆這個管教專員和財政部長，貼身監控……我。

同一時間，這個位高權重的老細，亦因為小時候很仰慕住在城堡的公主，加上她對歷史的喜愛，就會不時給兩隻馬騮看宮殿古堡的導賞影片，當然不乏豪華大屋，欣賞靚衫靚歌靚早餐，希望阿仔長大後買間俾佢。

鞭策子女，期望他們可以從事父母心儀的職業，將他們悉心打扮成為父母喜愛的模樣，這些不知不覺之間的自身投射，基本上可以，但要適可而止。子女也有自由的想法，他們理應活出自己的人生，而不是為父母而活。

逆向一想，望着子女這一面鏡，其實也是一種很好的提醒。如果有一天，身邊的人説，子女的小舉動真的很似四大長老，或是他們的口音很有工人姐姐的韻味，甚至是説他們一點也不似父母我們，那就是需要自省和檢討一下的時候了。

父母和子女之間，總是有如鏡像般相映相照，而且是雙向地互相影響着。

另類貓奴

夜闌人靜，幾近黑透的房間，只有在窗邊微微滲入的月光。好地地熟睡，突然床尾一震，把我從酣夢中拉了出來。仍然睡眼惺忪，卻感到雙腳附近位置，有點被壓了下去，就像有人無聲無息地靜靜地坐了下來。

定下神來，的確有東西在床尾！但我不敢望。心諗，莫非時運這麼低……

那東西緩緩地靠近，一個人形物體，詭異地鑽進我的被窩，望真一點，原來是細佬，嚇得我。

還未冷靜下來，床尾又有異動。心諗，仲有？

當然仲有，一不離二，大大隻的哥哥，正在努力地攝入來，細細的床，突然變得很熱鬧，好逼。

身邊的貓奴朋友，不時也會分享與心愛貓貓的生活點滴，其中不乏貓兒竄到床上去取暖。毒男爸爸的家沒有貓，卻經常有類似體驗，兩隻馬騮並非取暖，而是想取點安全感。

他們不再是兩三歲，已經能夠獨立地照顧自己，加上各有自己的床，環境設置絕對可以令他們一覺瞓天光。作為父母的大

家，定必見識過小朋友熟睡之後，在床上的活躍度，打橫打直碌來碌去拳打腳踢，如果一起睡肯定冇覺好瞓。

平日工作繁忙，夜晚真的很想有一頓高質素的睡眠。我們也再三解釋和叮囑，竄上爸爸媽媽的床會影響大家的睡眠質素，希望他們晚上能在自己的床上好好休息。始終年紀還小，儘管似明非明，還是答應了。

但是，隔了幾晚的半夜，睡眼惺忪的兩隻馬騮，還是在半夢半醒的自動導航模式驅動下，靜靜地爬到我們的床上。

我又被驚醒：「冇事嘛？係咪唔舒服？」
半醒的細佬：「我頭先發惡夢⋯⋯有少少驚。」
我抱了他一下：「醒咗就冇事，放心再瞓啦。」
他細細聲地說：「爸爸，我記得你話過，上你哋床會阻住你同媽媽休息。」
我猶豫一下：「嗯⋯⋯都有少少喫。」
細佬立即說：「我明白⋯⋯而家我一個人，經過條黑矖矖嘅走廊，慢慢行返自己張床去瞓啦。」

此刻望着細佬臉上的表情，是《史力加》裏面 Puss In Boots 出大絕招，那個極級楚楚可憐又可愛的眼神，眼裏還谷了點淚水（幾肯定是打呵欠流出來的），在微弱的月光下哝下哝下⋯⋯

「唔使返去，留低瞓啦。」我被這個表情秒殺，瞬間心軟了。

然後不到五分鐘，哥哥好像有心靈感應，又飄埋入房，爬埋上床。

最後，這晚四口子又像沙甸魚罐頭般，逼爆地落幕。早上更是凍醒收場，皆因兩位踢被王子也並非浪得虛名，天氣陰陰涼，蓋住一家的被子，已經早被他們踢飛得無影無蹤。

身邊的家長朋友之間，間中也有討論：究竟會否容許子女同床？應該去到幾歲才停止？

我沒有既定答案，因為我覺得無傷大雅，這只是「想小朋友獨立」和「繼續給安全感」的平衡和取捨。如果決心想小朋友獨立，只要言詞再強硬一點，甚至鎖一下睡房門，是可以完全阻止他們闖進來的；不阻止，給他們充足的安全感，也能帶給小朋友信心去面對挑戰，亦無可厚非。

漸漸地在這方面，我和老婆都很隨心，讓事情自然地發生。這幾年，我們度過了無數個逼爆的晚上，當中也有很多安靜的甜夢。

有時候，反而是我會問兩隻馬騮：「咦，尋晚好似冇人發惡夢喎？所以冇人過嚟瞓？」

然後我才發覺，有時候反而作為爸爸的我帶點倚賴，想從他們身上取點安全感。正如我常常說，有很多和子女之間的相處是有限期的，因為當他們長大了之後，想他們陪多陣都難，和他們同床而睡，也許亦是其中一項。

養貓和養小朋友，其中一個共通點，是他們都會失驚無神竄上我們的床。

毒男一家 -語錄-

爸爸，你點解會同媽媽結婚嘅？

因為佢靚囉。

咁點解你唔同我結婚？
我都靚喎。

因為你係靚仔，
媽媽係靚女吖嘛。

所以你鍾意睇靚女？

我我⋯⋯我我我⋯⋯
我淨係睇靚女媽媽一個咋喎。

⋯⋯我究竟聽咗啲乜⋯⋯

第三章
兄弟成長全紀錄

兄弟之間的牽絆

由老婆懷第二胎見肚開始,我們意識到集萬千寵愛在一身的哥哥,在知道將會有弟弟之後,或許因感到地位受到威脅而準備爭寵。

為了減低他的醋意,我們努力把只有三歲未到的小子,培養成能夠照顧細BB的新手哥哥,和新手父母一起並肩作戰。細佬出世之後,和哥哥相處已經有幾個月,是時候來個小進度評估。

總括來說,我們在細佬出世之前,對哥哥所做的準備非常有效。在老婆臨盆前幾天入院,哥哥已經很乖的幫忙準備細佬的物品,他甚至預備了一些他喜愛的玩具要送給細佬來歡迎他。我們有講有笑,心知他的心理上已經充分預備細佬的出現。

下一個關卡,應該是實際看到細佬回家的一刻。無論之前作了幾多的準備也是紙上談兵,見面的一刻,才是見真章的時候。為了安全起見,我們更準備了應急計劃:一份既大份又有意思的禮物,當成是細佬送給哥哥的見面禮,而我們挑選的,是一塊畫畫白板加 ABC 磁石學習貼。一來大大份,二來亦可以叫哥哥用這塊板教細佬知識。

重要時刻,當大門一開,媽媽抱着細佬出現,哥哥完全沒問題,還主動走到媽媽身邊講:「細佬出咗嚟啦!」然後再上前錫

了他一啖；因為這句，我和老婆肯定哥哥一早已經接受了細佬，而他只是「由大肚子走了出來」，就這樣我和老婆對望一笑，鬆了一口氣。當然，買了的禮物還是會送，哥哥看着大大塊白板，開心到不得了，再上前錫多細佬兩啖講多謝；媽媽入房餵奶，哥哥已急不及待擺好白板充當老師，細佬只有四日大未可聽書，他立刻指派家裏兩個「學生」，毒男爸爸和工人姐姐，坐定定聽他教授。

有了好開始，接下來，仍須努力為小兄弟打好關係基礎。人與人之間相處上的醋意實在難以避免，就算盡量不偏心，要令兩兄弟感受完全同等的待遇，實行上的可能性極低；所以作為父母，要時刻留意他們的反應，使他們感覺到受重視，亦教導他們要顧及兄弟間的感受。這樣不單對兄弟之間，對他們與其他人的相處上也有幫助。

有一次印象比較深刻的經歷是，細佬出世後頭一兩個月，就常常像展品般在親友面前「讓人觀賞」，少不免常出現「嘩佢好得意啊」、「等我抱下先」、「哎喲佢望住我呀」等的說話，這實屬人之常情；但有時候，一些言者無心聽者有意的比較性說話，就要多加注意，例如「咦細佬可愛過哥哥喎」、「佢應該好湊過阿哥」、「嘩哥哥有勁敵啦」諸如此類。

這時候，毒男爸爸騰來騰去、斟茶遞水、收受利是之時，必定走到哥哥身旁，給他一個小擁抱，和他說「細佬係可愛，哥哥就係乖乖」、「細佬好湊，因為哥哥好幫手㗎」。字眼其實不太重要，重要的是令哥哥不至於被遺忘，已經很足夠。一些醒目的親友，聽到我說後大多會立刻識做地過來和哥哥大玩一餐。

今天的哥哥和細佬，已經好老友。哥哥每朝返學前，也會鍚過爸爸媽媽細佬才出門；食飯的時候，也要一家人齊齊整整，把細佬放在餐枱旁一起進餐；細佬喊的時候，哥哥來鍚一啖手仔腳仔就會安靜下來；細佬也會常常流住口水凝視哥哥的一舉一動，雖然我不知他是否真的明白哥哥在做甚麼。

但講到底，兄弟又怎會沒有互相呷醋，只是作為父母不可以坐視不理，要給他們正確的觀念：呷醋爭寵之餘，兄弟間本該互相守望，等他們再大一點，你話他們會否因此而不打交不扯頭髮？當然不會，但夫妻倆想加進他們血液裏的訊息，是他們兄弟間的牽絆，一種分不開的情感關係。

總有一天我們都會老去，幾十年後，希望他們仍然可以互相守望扶持，那我兩老就放心得多了。

兩兄弟之間的情誼，是先要父母幫忙建立；而子女可做的，是把建構好的連繫健康地延續下去。

不打不相識

俗語有謂「不打不相識」，很多時候要了解對方，往往是過兩招比較快捷而實際，短兵相接直接交手，從事情的解決過程中增加了解，比淡淡地從日常生活的相處中，累積感情來得有效率。

這方面在兄弟姐妹的相處中更見顯著，尤其是在還未太懂事的年齡，拳腳交在所難免，毒男爸爸家裏的兩隻馬騮，當然也不例外。

究竟哥哥細佬平時爭甚麼？主要是雞毛蒜皮的小事，相信家長們都見怪不怪：明明有十幾架玩具車，就是要玩同一架；明明枱面有一堆雞翼，就是要食同一隻；明明婆婆話兩個小朋友都有禮物，就是要搶第一個收；明明提醒了一千萬次都不願意動身去尿尿，一急總是一齊爭廁所。

哥哥擅長心理攻擊，細佬則是拳拳到肉；然後，當哥哥發現細佬已經對他的言語攻擊無動於衷，就開始學習一招半式，方便格鬥；當細佬發現哥哥已經可以對他的拳腳完全擋格，就開始攻擊哥哥辛苦砌好的 LEGO 完成品。總之，樣樣東西都要爭一餐鬥一番。

我不會過分美化育兒經驗，只要家裏有兩個或以上的小孩，如斯血淋淋的爭吵場面肯定時常上演。我家有的是兩個仔，聽生

女的家長朋友分享，女孩子不會比男孩子溫柔，有時候衝突更加激烈。

小朋友就是大情大性，無情力可以非常無情，無論力度是打到身體上或是精神上，但除非有嚴重安全風險，我和老婆通常不會阻止。

有時見他們前一秒還在動手，下一秒突然就靜了，原來又黐坐在一起看書。冇錯，係睇同一本書……然後，幾秒後又會因為揭頁問題再爭過。

這些聖鬥士般的「千日戰爭」，又出奇地能夠演變成一種獨特的相處方式，從中建立更加親厚的感情。

近日有段小故事，因為細佬突然病了又高燒，我們不得不把兩兄弟從生活上分開一陣子，吃飯要保持距離，睡覺也得分開。雖然醫生已經確定了細佬只是沒有傳染性的病毒感染，我們也想藉這次機會，使他們可以從一直亢奮的爭鬥狀態，稍為緩和一陣子。

最後，細佬持續發燒了差不多一星期，確定他已經完全康復之後，兄弟間的分隔終於解封。

他們做的第一件事，就是來個深情互摵，係大大力互相摵臉，是面皮也能被拉鬆的力度。

突然，哥哥從書架上，拿出了一份很整齊、寫滿字剪好了的

自製勞作。原來他在這星期悶悶不樂的時間，為細佬準備了一些可以一起玩的教材，留待康復後一起玩。但細佬二話不說，在哥哥還未有機會說清楚玩法，已經粗魯地抽出勞作紙，還不小心弄亂了。

「喂細佬！冷靜！快啲執返起勞作紙，等哥哥講解先！」

我和老婆慌忙擔心，哥哥的一番心血一秒就被搗亂。因發燒呆了整個星期的細佬，被我們嚇一嚇，又變呆了。

「唔緊要呀，我淨係想細佬陪我一齊玩。佢病咗咁耐，我悶咗咁耐呀！」

哥哥不但一點也沒有生氣，更慢慢拾起勞作紙，細心講解。細佬也說了句「Sorry 哥哥」然後幫忙整理。

老實說，這一幕是有點出乎我和老婆的意料之外。看着這對歡喜冤家，流露出前所未有的溫柔，這一個星期的分隔，原來令這兄弟忘卻了一點爭吵胡鬧的日常。

我和老婆這對天真的父母，滿以為他們會因此成為更好的朋友，但這麼溫馨的情景，半日後就打回原形。

不過，這使我們更明白，只有親如兄弟間的相處，才可達到這樣程度，從「打鬧」到「相識」，而回想我小時候和弟妹的相處，也都如此。

小朋友的相處沒有男女之別，最有效的方法，就是從爭吵和打架之中互相了解，建立情誼。

細佬永遠大隻啲？

自細開始，到不同的成長期，甚至到近年已經幾廿歲人有了兩個仔，心裏一直有個迷思：點解細佬永遠好似大隻啲？點解老是在朋友圈聽到類似討論？細佬係咪因為營養好啲？係咪因為俾人錫多啲？係咪因為乜乜物物？

環顧身邊的朋友，又好似哥哥永遠細細粒，細佬就高或大隻。毒男爸爸也不例外，我和親生細佬年齡相差不足兩年，也和一眾朋友的命運一樣，細佬足足高我成個頭，又比我聰明，更比我靚仔。而我兩個仔，又真係細佬大舊啲喎⋯⋯

由細細個開始自己意會到這件事，到朋友間八卦問下問下，再到現在開始有人談論我兩個仔，仍然常會出現這類問題討論。

這個雞毛蒜皮但纏繞幾乎半世的迷思，突然挑起我的求知欲。就着這個題目，我居然拘起心肝，上網做了一些資料搜查，試試查看箇中原因，真的夠無聊，哈哈。

本來以為可以找出一些重要資訊，但實際上，我找不到任何科學文章或學說，提及哥哥和弟弟體形之間的關係；反而父母的基因遺傳，相同家庭的兄弟姊妹數目分析，則有一些有趣的數據，但卻不能由此導出重大的啟示。

反而，我倒找到很多網上討論區，確實一面倒談及「點解細佬高過我」、「身高終於被細佬追過了」等相關的言論；想深一層，這個又很容易理解，因為青少年發育期的哥哥姊姊在意身材體態，才會發放一連串的相關言論，試問「好嘢，我高過細佬喎」、「點解阿哥高過我」等認知上比較理所當然的事，又怎會搬出來講？

另外，也可能是因為很多電影、漫畫、小說、故事的人物設定，也特別喜歡放大這個概念，因為細細粒的哥哥，配上大大隻的弟弟，反差大帶出的戲劇性也高。隨口一數，遊戲 *Super Mario Bros.* 的 Mario 和 Luigi、漫畫《幽游白書》的戶愚呂兄弟、早年電影 *Twins* 的 Julius Benedict 和 Vincent Benedict、還有《鋼の錬金術師》的愛德華兄弟 Edward Elric 和 Alphonse Elric，也是比較特別，着意細佬比較大塊頭的人物設計。

個人認為，基於以上原因，「細佬永遠大隻啲」的話題或概念，自然會比較容易進入我們的生活之中。再加上人講我又講，潛移默化，就更加上心。

其實，我在哥哥和細佬的相處之間，也觀察到一些端倪，也許是以下原因，令細佬比哥哥大隻：

湊仔經驗豐富了

第一胎，戰戰兢兢的新手爸媽，一切也像摸石過河，很多時候也是從錯誤中學習。雖然不可說大仔成了白老鼠，但畢竟是第一次，自問怎麼努力，也未能做到最好。相比之下，湊細仔來得比較得心應手，也自然餵得他肥肥白白。單從細仔的超大肚腩加手瓜起䫴，也知他的營養吸收絕非小兒科。

大仔身為哥哥的引導和榜樣

記得哥哥一歲兩個月才可以自己扶着東西站起來，細佬八個月未到就做到了！其中一個大原因，是因為哥哥很照顧細佬，一直在他身邊教導，而我們在沒有危險的情況下，是會放手給他們自己玩的。以一個三歲的小朋友來說，最拿手的不外乎走來走去。他也很努力地把自己甩繩馬騮的獨門功夫傳給細佬，好讓他有人陪玩。細仔大肌肉發達，哥哥應記一功。

並非只有身形，一面寫一面想起一件又一件小時候的兄弟姊妹的趣事，總是會會心微笑，尤其是一些作為大哥哥的小辛酸。

我記得小學時候還未到十歲，我用盡方法才能用幾個月的時間，爭取自己一個人落街買零食。細佬妹一到相約年紀，一句「阿哥都得啦」就能不費吹灰之力，享受我辛苦爭取的成果。當年扭到七情上面才能買到的玩具，又是一句「阿哥都有啦」就唾手可得。他們堪稱毒男爸爸生命中的初代 free rider。世界很公平，就是這些身體力行絞盡腦汁的大哥本色，爭取呢樣爭取果樣，才能令我有充分腦部發展，雖然我比較細粒，但就屎橋多多。

講了很多，其實是否只我有這個想法？大家又有這個迷思嗎？如果不是兄弟，姊妹間又有否如斯情況？我真的不知道⋯⋯

最後，迷思仍然是迷思。好亂呀！

身邊很多朋友，細佬都比較四肢發達。這是我人生之中，其中一個到現在也解不開的迷思。

公平的定義

哥哥和細佬，無論臉容、體格、性格、以至喜好，都完全不一樣，他們的不同，堪稱是極端的。幸好他們仍然一個似我，一個似老婆，否則連我也會懷疑，是否在醫院調亂了，拿錯了別人的兒子回家。

兩兄弟的大不同，首當其衝的日常受害者，是工人姐姐。哥哥喜歡番茄唔食魚，要有飯落肚，餸又要撈汁，更加吃得辣；細佬則愛魚但抗拒任何番茄製品，要食粉麵雜糧，餸又要乾身，完全不能吃辣。基本上，每餐都不能同時滿足兩隻馬騮，他們未至於偏食，但總會嘀嘀咕咕嘴炮一番，工人姐姐則會非常無奈。

性格方面，他們亦截然不同各走極端。哥哥性格「蛇魄」，左顧右盼非常謹慎，猶如一台長期開啟的先進雷達；細佬性格率直，有前無後橫衝直撞，跌跌碰碰卻堅毅得像「瀟灑哥」一般的打不死小英雄。

記得有一次，當他們一起去玩宇宙飛船，工作人員模擬說，現正就要駕駛飛船，經過一堆隕石群，駕駛員努力啊！兩兄弟的瞬間表情，勝過千言萬語：哥哥認真地皺眉，像在計算如何安全避開隕石，細佬就碌大隻眼揸緊軚盤，心諗直接踩油硬衝過去。

從兩個仔截然不同的外觀和性格，啟發了我和老婆對公平的反思。

有很多家長，甚至起初的我們，認為公平的定義，就是給予同等同樣的對待。例如給哥哥買了一支鉛筆，就會買多一支給細佬，有時還會着意對兩兄弟強調，這是公平的做法。

但是，在很多的情況下，我們不難發現，給予同等同樣的對待，看似公平，卻未必是理想的做法。例如，買了一支鉛筆給哥哥也會多買一支給細佬，但細佬還未能好好執筆；給細佬看《天線得得B》也要哥哥一起看，但內容對大幾歲的哥哥來說已經太幼稚；給哥哥吃點辣也預細佬一份，但細佬必定辣到噴火；給細佬吃魚也預哥哥一份，但哥哥不諳吐魚骨。同樣的對待，公平的出發點，對兩兄弟卻不一定是最好。

與其追求「無差別的公平」，我和老婆開始實行「平等的所需」，因應兄弟二人的性格、發展和喜好，給予相應的需要。

經驗上，如果家長選擇用這種方法，則需要更多的勇氣和耐性。因為通常第一個會遇到的問題，反而會是來自子女的「點解佢有我冇？」或者是「點解我同佢唔一樣？」等的提問。給予相同的東西，就算小朋友不適用，因為尚算「公平」也得到「一樣」的對待，所以未必會發問。但因應需求給予不同的東西，小朋友反而容易看到實質的分別，因而需要解釋和教導。

這樣也不錯，因為這正是個好機會，令子女理解父母的用心。首先，我們亦選擇了一個客觀的現實，去切入解釋：「世界上，並不是所有的東西，都是公平的。」

這個看似是很需要人生歷練才明白的道理，其實並非如想像

中困難。我兩隻馬騮一講就明，因為現實上，幾歲的他們已經有相關的經驗。

　　原因是，對哥哥來說，因為他是公公婆婆的第一粒孫，所以相比遲了幾年出世的細佬，婆婆特別疼錫哥哥；相對細佬來說，現在的工人姐姐是在他剛出世時新聘請的，所以相比前一任湊大哥哥的工人，現任的這位特別寵愛細佬。

　　這些很微妙的現實差距，我一解釋，兩兄弟就能夠立刻明白，因為作為接受一方的他們都很清楚。大人察覺到的，小朋友也懂，但記得要強調，愛錫的差別只是相對的，比較之下少一點並不代表不愛，相信不同家庭的每一位小朋友身上，也有類似情況。

　　有了這個基礎，我們就可以容易地去切入，解釋小朋友在成長的不同階段，應因應情況給予適當的東西。長遠來看，小朋友更能思考自己的需要，提出清晰的要求，對成長會有幫助。

　　大家可能會問，這樣的教導，會否太早把他們帶到成人的世界？老實說，單看兩兄弟時常黐實比較愛錫自己的人，就知道他們看得無比通透。記住，小孩不笨啊！

甚麼為之公平？是給予兄弟完全相同的東西，還是要切合需要而給適合
的東西？一個非常值得反思的問題。

小朋友的外交風波

雖然細佬堪稱打不死小英雄，跌跌碰碰，基本上傷不到他分毫。但有一天放學後，我們發現他的眼角，有一道非常明顯的瘀青，明顯是跌撞過，甚至可能是肢體衝突。

小朋友之間的小衝突，跌傷撞瘀在所難免，本身不需要太在意。根據國際賽例，在沒有目擊者情況下的小朋友互鬥，除非有很嚴重的損傷，作為明事理的正常家長，最好還是先了解清楚。

望着細佬滑嘟嘟的臉上，那道又紅又瘀的明顯傷痕，我一面小心清理，一面嘗試追查。他尷尬地笑，得來的答案是不置可否，令我感覺他有點想逃避問題，整件事頓時變得可疑。

旁敲側擊之下，總算知道了和他有些衝撞的是哪位小朋友，事情發生在校車裏。愈問愈奇怪，這個小朋友，居然是他口裏常常提及的好朋友（在此暫時稱他為「文茜」）。

由始至終，都只是想明白經過，以便從細佬的角度教導跟進，於是我詢問了校車姨姨，並交流了細佬的證供和解釋了我的見解。校車姨姨很好，細心聆聽了，但她卻沒有留意到事發經過。她也提議，暫時把兩個小朋友的校車坐位，分隔遠些再觀察。

我們沒有特意和細佬提及調位，但第二日放學，他主動和我說起：

「爸爸，今日同文茜冇得一齊坐呀。」

「哦？係咩？」我詐唔知。

「係呀，校車姨姨話要改坐另一個位喎。」

「係咪因為之前同文茜玩嘅時候，整親眼角呀？」我試探。

「唔係呀，冇整親呀，我淨係有時時覺得佢好嘈咋。」「有時時」是細佬的口頭禪。

「哦⋯⋯即係你成日話佢？」莫非是他先挑起事端？

「佢有時時好嘈㗎！佢話我『BB班』呀！我唔係 BB 呀！」

這刻我明白了。細佬由細到大，不知甚麼原因，就是很討厭其他人叫他 "BB"。

「所以，同佢打交？」我輕輕的指着他眼角的瘀痕。

「⋯⋯冇呀。」

「放心講，如果真係打過交，而家冇乜大礙，之後大家互相道歉一下就可以啦。」

「⋯⋯冇打交⋯⋯」

「係咪真係好痛？」這刻反而到我有點緊張，明顯細佬是有難言之隱，是否比打交還嚴重？還是有別的特殊原因？我認真給了個「求你講我知」的眼神。

「⋯⋯其實⋯⋯其實係我自己撞到。」

原來如此，幸好虛驚一場。而巧合地，細佬的另一個古怪執念，就是寧被人打莫自己跌，因為他自覺這是一個非常沒面子的行為。

但是，究竟事情到底是甚麼樣？和細佬的這段對話，也未能組織整件事的來龍去脈⋯⋯

下午時分，校車姨姨打電話給我，説文茜的家長致電給她，説文茜不想和細佬分開坐，想繼續一起坐一起玩，問我意下如何。

再細問細佬，他因為知道可以再和文茜一起玩，終於和盤托出真相大白。

整件事，應該緣自細佬不知做了甚麼傻瓜舉動，文茜就不斷叫細佬是「BB班」，他不爽就人叫以後唔再一齊玩，然後兩個小朋友就互相重複「我以後唔同你玩」的嘴炮。後來細佬後悔想和好，但文茜未有就範，就在拉扯之間校車轉彎，自己便撞到了。

在我們幾個家長和校車姨姨的心中，兩個男孩子之間的熱血兄弟互嗆失手打傷，原來只是拉拉扯扯耍花槍式的互動。大家也鬆了口氣。

而這件事，正中細佬的兩個死穴，尤其是被叫「BB班」時會非常介意，令我想起在一些戲劇性強的故事裏，某些角色也有一個獨特的 hot button 設定，唔覺意一按即無明火起。好像《回到未來》系列裏 Marty Mcfly 被人叫 "Chicken" 揶揄他沒膽量，或是《JOJO 的奇妙冒險》第四部東方仗助被人品評髮型的情況。

其實校車裏所發生的事，真的可以多到拍一個長篇處境喜劇。小朋友的純真，配上人細鬼大的反應，和一人一句告狀，不時會令家長陷入進退兩難的外交風波。

莫說討論誰是誰非，叫小朋友案件重組都有難度，如果不是嚴重損傷，倒不如放手等他們自己內部解決好了，順便訓練他們與人相處的軟能力（soft skill）。反正在他們中間，多大的怨恨，一包糖已經可以化解。

小朋友之間的獨特相處方式，往往不是大人可以理解的，有些情況真的諗一世也不會明白。

週日的外賣日常

星期日下午，萬眾期待的午餐登場，因為是難得的外賣。隨着兩隻馬騮日漸長大，食物要求越來越刁鑽。

和到餐廳不同，大家不需要從餐牌中選擇食物，而是可以就個人喜好任意落單。身為家中御用「Deliver 奴」的毒男爸爸，每星期日的例行活動，就是要遊走商場店舖之間，買齊食物。

人字拖配冇袋短褲，一隻手抓實銀包鎖匙，另一隻手，抽住集齊了商場裏面大小字號的外賣，茶記、麥記、大乜乜、大物物，每樣都係獨當一面嘅 junk food。

滿手食物的我，在大廈門口舉起一大抽外賣，示意看更幫忙開門。她慢條斯理地走近，以凌凌漆望住聞西展示「攞你命三千」的眼神，忍笑開門。

返到屋企一開門，幾道飢餓的眼神，興高采烈地歡迎食物（冇錯，唔係歡迎我）。卸下手上的套餐，一人一份地分發，不出所料，細佬見到哥哥的餐，突然轉軚要吃一些，哥哥也願意分享，亦同時話要試吃細佬的份兒。

我提議不如打開全部食物一起分享，卻換回一句：「我哋兩個分享得啦。」明顯他們對我盒飯毫無興趣，皆因和閒日的飯餸 plating 實在太相似。

鑒於疫情關係，我們是有專人（即係我）把小朋友的套餐如他們所願分配。最滿足當然是兩隻馬騮，現在他們的午餐，一個包有兩款肉，配上雜錦薯條薯角粟米，再把茶記男人的第二浪漫，火腿煎蛋飯的煎雙蛋，一人一邊據為己有。

雖然最後我身水身汗，吃着薄薄火腿配豉油白飯，但一家同枱的愉快，有講有笑的週日，比午餐本身來得滋味和回味。

上一個星期日，哥哥細佬突然心血來潮，想和爸爸一起去買午餐，於是我們一起經歷了平常週日爸爸的捧餐細節。要清楚去買甚麼食物、掌握各個餐廳位置、因應人流和經驗分析等待時間，以至落單和等候的先後次序，其實有點小學問。尤其多人外賣的時候，有效計劃能使外賣時間起碼減半。

我一邊等外賣，一邊慢慢分享講解，並打趣地提醒他們，不要小看簡單的買外賣任務，因為這和等待用餐那位的 "Hangry" 指數息息相關。他們清楚 Hungry 和 Angry 的意思，我解釋加起來就是 Hangry，即是「餓到炆」。

當然，當下幾歲的小朋友，只會在意今天的麥記，跟餐的是哪一款玩具。

回到大廈的升降機大堂，旁邊站着另一位手持「攞你命三千」的叔叔，有點焦急地盯着升降機的樓層顯示屏。

細佬好奇：「叔叔趕時間？」

叔叔笑了：「係呀，今日好多人買外賣呀，等咗好耐好耐。」

哥哥插嘴：「係呀，我哋都等咗好耐。」

叔叔補充：「你哋都快啲返去啦，如果唔係會餓親屋企人㗎。」

短短幾句交流，哥哥細佬若有所思，然後默默走去按了幾次升降機的按鈕。看似他們瞬間明白了，買外賣肩負起一種責任，是為了重要家人去做的。

回到家裏，老婆果然很識做地大讚小朋友，但同時射了個「搞咁耐餓死我啦」的眼神給我。

正當我想送上老婆最愛的齋啡降火的時候，哥哥已搶先一步拿給媽媽，細佬也拿着她喜歡的炒烏冬跟在後面。

一陣冷風呼呼吹過，站在一旁的毒男爸爸，存在感瞬間變得薄如紙，枉成 carry 住成隊人去買外賣，右陰功啊！

表面上是幾個餐，實際上是逐個餐分件再組合成另外幾個餐，綽號「外賣型攞你命三千」！

我唔同你玩！

哼！我都唔同你玩！

好呀！以後我都唔同你玩！！

我而家！即刻！就唔同你玩！！

好呀！不過快啲攞果舊 LEGO
過嚟幫手先！

好啦！嗱，LEGO 俾你。
幫手砌邊度？

你幫手砌高呢度啦，唔該晒。

咦哥哥，
你原來已經幫我砌靚咗呢邊喎，
唔該晒。

第四章

毒男談育兒

學海無涯，
其實唔使咁快……

一世朋友

咖啡時間或放工後，都會和友人相聚閒談，分享一些生活點滴，發洩一下情緒，天南地北一番。能夠在飄着一點咖啡香的環境，或瀰漫着時尚音樂伴啤酒的氣氛下，暢所欲言，實在不容易。

說到底，朋友也有層次之分，由酒肉朋友到知己密友，光譜很闊。究竟要和一個朋友，去到哪一個程度，才能一坐下就能無所顧忌，敞開心扉去對話和分享？大概要去到相知深厚的老友級數吧。

那大家和子女的友情，又去到了哪一個級數呢？

育兒的其中一個大道理，就是要和子女成為朋友，讓我們成為他們生命的一部分，同行並一起成長，道理永遠淺顯，但實行上卻不容易。

有天下午，望着面前一位相識了差不多十年，一起經歷職場上風風雨雨，互相信任的朋友，我呷着一口咖啡，用一個曖昧得來奇妙的眼神望着他。

佢：「眼甘甘望乜呀望？」
我：「你估我哋個仔會唔會願意同我哋一齊飲嘢？」
佢：「如果用你而家嘅眼神，一定唔會！」
我：「我乜眼神？」

佢：「連我唔係你個仔，都覺得你煩嘅眼神。」

我：「哎⋯⋯慘⋯⋯如果覺得煩，佢就睬我都傻。」

佢：「你咋！我個仔 okay 我㗎！」

我：「你肯定？」

緊接着，是好朋友之間少有的數秒沉默，他也好像在意，這刻朋友間如流水自然的簡單對話，背後到底要有多麼鞏固的情誼去支持。自己的子女，真的這麼簡單就可和父母交心？

就這樣，兩個老竇開始講起和自己阿仔相處的點滴，在父母子女的關係上，我們相對有更多相處的時間，但日對夜對反而要小心處理，因為給子女的每一個互動，也代表一個訊息。教導、玩耍、讚美、責罵、甚至情緒上的喜怒哀樂，他們也會照單全收，就算想逃避，轉身離開吸口氣，冷冷的背影也是一個強力訊息。

今時今日，有很多事情根本不需要我們去教，小朋友自小便可能接觸的事情（不論好壞）遠超我們想像。現今教導的比重，我們覺得已經由「教」更加偏向「導」，引導他們思考更為重要，而「導」比「教」需要更多的友誼為前設。

毒男家兩個仔不經不覺已經六歲和三歲了，就分享一下我交這兩個「朋友」的經驗：三個時常自我提醒的「不」。

1. 不要隱瞞情緒

人人也有情緒，這和年齡絕對沒有關係，作為父母，當然不想把負面情緒帶回家，之前試過，辛勞工作一整天之後，入屋前深呼吸，或閒逛一陣子，或多或少減去負能量才回家見阿仔。

但老實説，這方法對我來説不太奏效，因為這樣處理負能量，其實不是「減少」而是「抑壓」。狀態好的話，還可以在回家後阿仔睡覺之前來個愉快的相處時間，但是我有多次失敗的經驗，尤其是當他們曳曳，這時抑壓的情緒反而會大爆發，最終悲劇收場。切勿過分憧憬，放工回家打開門的時候，屋企一定井井有條，阿仔老婆一定會四萬咁口歡迎你。

慢慢地，我學會帶着真實的自己回家，在阿仔分享學校點滴的同時，我也會如實分享工作點滴，無論喜怒哀樂，也會解釋給他們聽。不要小看孩子，他們未必完全明白大人的世界，但他們會感受到父母的情緒，不妨多加解釋，分享一下感受，真誠一點更能建立友誼。

2. 不要高高在上

如果想和子女交朋友，就一定要先放下身份，不要事事也用「嚟學嘢啦細路」的態度去對話。溝通是雙向的，對話要有來有往，才能達至真正的互動。

有一個我覺得很有用的小習慣，就是每次和子女交談，也找一個視線平望的環境，即是子女不需要特別抬高頭去對話。這樣他們在生理和心理上也會感到舒服一點，也能增強溝通的質素。

3. 不要信口開河

作為朋友，誠信很重要，對子女，誠信更緊要，尤其當你想和他們成為朋友。

在幾歲小朋友的世界裏，父母既是本能上的重要人物，亦是相對比較信任的對象。對他們的承諾，要非常小心地處理，答應的事情一定要做得到，做不到的就不要胡亂答應。

很多時，一些底線的處理，要堅定一點。如果子女提出一些沒法實行的要求，不要為了處理當前情況，或是為了減低自己的內疚感，敷衍地答「之後俾你」或是「好呀下次」等拖延答案。他們是會記得一清二楚的。

現時，如果我沒辦法肯定晚上能準時回家陪他們，我會選擇答「爸爸會盡力，但因為真的不能控制，所以不一定做到」。如實地答，或會使他們覺得失望，但總比不能兌現承諾好。

何謂成功？當子女把我們當成朋友，漸漸地你會發現他們會主動打開話題，頻密地走到你身邊去分享所見所聞，有問題也會第一時間去問你。

作為父母，這個「近水樓台」的優惠期不會很長，一定要好好珍惜。到他們長大了，生活圈子再擴大的時候，他們會有更多分享情緒的對象、更多平起平坐的朋輩、更多同聲同氣又信守承諾的好友。

到時，我們所需的友情要更加深厚，才能和他們做一世的朋友。應該説，使他們願意和我們做一世朋友，因為在這方面父母很快會失去主導權。

撫心自問，相信我還要繼續努力。大家一同努力！

我家也有一條線

先來一個小問題。

如果你的小朋友，在一堆長枱長櫈之間，好奇地跳上跳落爬來爬去，小小的頭仔在木板幾厘米的距離片來片去。假設他們並沒有對周圍的環境造成滋擾，你會怎樣做？

以下有幾個選擇：

1. 立刻叫停小朋友，解釋危險性，並加兩錢肉緊同佢講阿爸阿媽當下個心真係離一離。
2. 用手輕輕按住小頭仔上，以太極柔法導航小頭仔去向，巧妙地飄過所有尖邊尖角。
3. 隨着小頭仔舞動，以飛快的速度攝來攝去，用手輕輕按在最近的枱櫈邊，就算撞到，也是撞在手背上。
4. 翹埋雙手，欣賞自己的小朋友的手眼協調和大小肌肉的靈活運用，受傷與否且看他們的造化。

這個問題，當然沒有正確或是錯誤的答案，完全是父母的個人選擇。而這個選擇，某程度上反映了一條作為父母在育兒理念上所界定的線。

記得早前常常聽到，那句噱頭一時無兩的「贏在起跑線」，一句令部分家長願意乖乖花錢，像課金手機遊戲般，只為了拿點

競爭的先機。我要再強調在起跑線上所做的一切都只是先機，因為只要有一定程度的人生歷練都應該知道，比賽贏輸不只着眼起跑線。贏在起跑線也可能會輸掉比賽，更何況人生的比賽何其多，勝負之外還有很多地方可以學習。因此這句極具噱頭的宣傳技倆，現在幾乎銷聲匿跡。

我同意在育兒方面，父母也應該有一條線，作為一個指標。毒男爸爸的家裏也有一條線，這條線叫做「底線」。

我和老婆在不同的事情和場合上，會盡量清楚地和兩隻馬騮協議一條大家也同意並遵守的底線。底線之下是沒有議論餘地的；底線之上卻是沒有拘束的無限可能性。

舉一個實際例子，毒男爸爸和兩隻馬騮的第一協定：在任何情況之下，自身安全是底線，小朋友要時刻保持警覺，亦不能做出一些危害自己的事情。

有了這條底線，父子之間會從日常生活中慢慢摸索，並更加鞏固這條底線的定義。因為每個人所界定和理解的自身安全，一開始其實沒有準則。

如果兄弟打拳腳交，打手打腳我會任由他們切磋，但如果打頭或攞武器，我會阻止；如果兄弟在一個空曠的地方跳來跳去，我會任由他們一仆一碌撞瘀手腳，但如果周圍有鋒利堅硬的尖角，我會阻止；如果兄弟不小心弄傷身體，我會講解相關的安全知識和細心處理傷口，但如果因情緒不穩而自殘身體，我會阻止並加以責罵。

底線往往不能一畫便清清楚楚，而是從經歷中慢慢拿捏，每個阻止和責罵背後，要給小朋友解釋父母的考量和原因，然後正面地植入子女慢慢成形的價值觀之中。這過程也可增進溝通，鼓勵互相發表意見和討論。

　　這個「自身安全的底線」只是其中一個比較實在的例子。在毒男爸爸的家中，有很多不同範疇的底線，例如和長輩相處、使用平板電腦、購買玩具、在學校的品行等等，我把定義每一條底線，視為歷時長久的親子活動。

　　這個教導方式，比直接指示或凡事阻止，來得困難和消耗時間。作為父母，我認為不應單方面把自己的想法灌輸給子女，而是建立起每個範疇上的框架和氛圍，讓子女去自己探索和學習。這就是所謂底線之上的可能性。

　　而我深信這是值得的，因為過分保護，就像在子女身上放一個防護罩，但這個裝置，卻是要父母寸步不離的去發動。偶爾望少一眼、父母力有不逮、長大之後自立，失去防護罩的小朋友就容易受更大的傷，無論在肉體上，還是在心靈上。

　　這些底線，在另一個角度看，並非是莫大的自由度，反而是在父母還有機會看着子女的時候，讓他們盡情地跌撞。我寧願兩隻馬騮在我視線範圍之內頭破血流，也不想他們在我的視線範圍之外丟了性命。

做人要有宗旨，教導子女則要一條線。而我家的一條線，並不是甚麼起跑線。

書本以外的人生課堂

工人姐姐 Eso 要離開了，是完完整整的四年僱用期，她選擇不續約，好來好去一切安然，原因是回鄉結婚。

在物色新工人姐姐的同時，我們更需要處理哥哥的情緒。由哥哥半歲到現在四歲半，他們朝夕相處，四年話長不算太長，但由一嗜飯只有食瞓痾的嬰兒，湊到口齒伶俐古靈精怪的馬騮，的確經歷了很多。相處上，我們要哥哥對 Eso 有禮，亦表明要 Eso 別寵壞哥哥，身份上的對等和尊重，使他們建立了比較像朋友般的關係。我和老婆尤其喜歡看他們互相頂嘴，搞笑非常。

除了書本上的知識以外，人生有很多事情，都要在書本以外尋找，如待人接物、舉止禮儀、情感上的處理，全是易學難精之事，不是教一兩次，或是填鴨洗腦式灌輸，就能精確掌握，這些全都要一點一滴累積起來，才能明白箇中的微妙之處。學術上的課題大可以交託學校，而父母在教育上，更應幫助擴闊小朋友的眼界。如果父母永遠保護式的阻隔負面事件，小朋友就會像溫室之花，受不了風雨。

由知道 Eso 要離開，已經開始逐少逐少為哥哥準備，對他來說，這個基本上不會再遇的離別，其實相當沉重。與其分散他注意力讓 Eso 突然消失，我們選擇了和他一起上一課，經歷這實實在在的離別。

事先張揚的離開、有關菲國和 Eso 家的話題、有關結婚的資訊、飛機的路線，全都給他面對，作為這個轉變的基礎。慢慢地，哥哥有了概念，明白了這是甚麼回事，更會好奇地問 Eso 一些回家後的話題，從他的表現，對他的心理準備已經有一定的信心，我們最後更決定送 Eso 到機場，直接送行並送上祝福。

Eso 離開前的夜晚，大家有講有笑，哥哥更幫忙執嘢（實際係搞亂）。我和老婆送了新婚用的禮物，哥哥則送了心意卡，還叮囑 Eso 回家後給他電話日後聯絡……她竟成了哥哥第一個成功抄牌的女士！

送別日，機場裏深深的擁抱，大家都有點兒眼濕濕，但一切還算順利。從機場回來，除鞋洗手換便服，一切如常，突然哥哥消失了，原來是自己靜靜地入了房。

然後，是預期之中的畫面。

「我好掛住佢呀……」一開門，哥哥滿臉眼淚地抬頭看着我和老婆。那個表情，我印象很深刻，因為那並非平常扭計的哭相，而是隔着空氣也能感受到的傷感。

媽媽抱着他，任由他盡情地喊，我拍着他的背，靜靜地支持，並一面重提之前說過的道理：「每一個人都有自己的家庭，Eso 之前幫忙照顧你和細佬，現在輪到她回家和家人相聚，要為她開心而開心啊。」

「唔開心係正常嘅事，如果好唔捨得，就放心喊，喊完會舒服嘅。」

「唔使擔心 Eso 喎。佢返到自己屋企，家人都會好好照顧佢㗎。」

他只是伏在媽媽的懷裏，默默地點了好幾次頭，飲泣了幾分鐘之後，心情總算是平復了。那一整天，我們一家人也一起度過，互相鼓勵支持。

哥哥，爸爸媽媽很高興你能夠喊出來，因為這正是成長的眼淚。要記住在整件事上的體驗，提醒以後遇到傷感的事，要面對、抒發出來，然後向前看。

一些沉重亦無可避免的人生課堂，我們不應避開，而是要把握給子女學習的機會。

開拓認知的版圖

小朋友愈大，提出的問題就會越來越難答。有些是根本不懂作答，有些則是非常難去解釋清楚，更有一些是尷尬話題而不知從何開口。

毒男爸爸的其中一個教育理念，是給予小朋友比較大的自由度，志在擴闊他們的視野。我家的兩隻馬騮，自小好奇心非常旺盛，我們也盡量讓他們接觸不同的新事物。

我和哥哥試過，由學校視藝課堂所教的鏡像對稱物件，談到鏡子的反射原理，然後伸延到其他和光有關的現象如折射和繞射，再說到光的速度有多快。

這個推進，看似很深奧，但只要肯動動腦筋，減去複雜的學術用語，找一些適合小朋友程度的導體，其實並不是想像般困難。

盡可能找一些眼看得見或捉摸得到的方法，去串連他們已有的認知。我只用上一塊小鏡子，就能帶哥哥周圍尋找現實中的鏡像物件；再加一支小型的雷射筆，就能模擬光線的走向；然後用一個水量半滿的玻璃杯，放入手指，立即可以看到影像的折射效果；光的速度比較抽象，或許已超出了他的認知範圍，但可以籠統地用一張世界地圖，用手指來回勾劃，示意光速快得一秒就能圍繞地球走七次半。

這個只是其中一個例子，類似的關連教學，一有機會就應該盡量做，慢慢變成了一個恆常的學習模式。大家可以把這個方式，看成一個沒有特別規律，就地取材的 STEM 教學。

知識並非線性，很多地方是一環扣一環的。愈想知得多，問題就會愈多，得到的答案又會衍生另一些問題，就是這樣一步一步地擴展自己的認知版圖。

因應不同小朋友的理解力、專注力和好奇程度，可能要用上不同的方法去嘗試，慢慢地就能和子女建立一種獨有的默契，一種自家的學習頻道。

同時，不要避開敏感話題，尤其是當子女主動發問，例如兩隻馬騮有問過，他們是如何出生的，為甚麼男女會有分別，又問過爸爸媽媽是不是在學校裏面認識的。童言無忌，小朋友只是好奇，尷尬其實是出自身為成人的我們。試試盡量作答，並加入相關的知識和引導。

以上所說到的，都只是基礎，因為真正的挑戰，是當小朋友開始建立自我形象，去到價值觀層面的時候，即是對與錯的判斷和道德兩難時的選擇。一個健康而成熟的價值觀，是知道事情的前因後果，要懂得做，然後經過思考之後去決定，應否去做、何時去做和怎樣去做。

這決定不在於對錯，而是過程中有沒有認真考量過，擁有一個網狀的認知根基加上廣闊的視野，懂得連貫不同的事物去思考，在成長過程中尤為重要。

當子女一邊長大，就會慢慢放棄對父母的倚賴，這意味着，當他們開始遇到和價值觀有關的問題時，已經未必會找父母一同解決。回想一下，當年我還年少時，首次遇到朋輩間的相處問題、感情方面的種種疑惑、對世界或是社會上的一些不解，會找父母還是自己面對？我記得當年是默默地自己面對的。

近代的育兒觀念比較開通，最好的方法當然是父母和子女之間，能夠成為朋友，一直有傾有講，一同經歷人生。我很贊同這個方法，但同時亦明白到，現實實在有太多因素，例如子女的想法、朋輩的影響、社會的風氣，會令他們最終選擇自己的做法。

那麼，自小就去擴闊子女的視野，令他們有足夠的獨立思考能力去自行判斷，就成了父母不在旁時的安全網。我不會要求，他們能夠如光速般，極快地走遍自己大片的認知版圖，去審視所有，再作決定。但至少，版圖夠大便有更多的可能性，這樣才能使作為父親的我，對他們自由地走沒有局限的路，多加一點放心。

愈敏感的話題，愈不要逃避。與其留給身邊未必全懂的朋輩去講，倒不如父母先主動去講。

人生百貨

早陣子，因為阿仔鍾意，加上學習需要，會在街上特意找尋一些建築用車輛，影下來給他們學習和解釋一番。

一直以為，在街上尋找一輛刮泥車，應該不會太容易，心諗無端端怎會有刮泥車放在路上？但原來，簡單乘搭一程巴士，周圍環看一下，竟可以在路上看到多部刮泥車，我甚至看到泥頭車、混凝土車、吊車和各式各樣的建築用車。尤其是經過修路工程的路段和樓盤地盤，其實很容易見到。

原來，有很多東西，一直就在身邊。看不到，並非代表不存在，只是那一刻我們並不在意。

這情況，有點像逛百貨公司。

在毒男爸爸成長的年代，租金未到瘋癲價位，市民不太喜歡網購，我家附近就有當年香港其中一間最大的百貨公司。雖然只能 window shopping，但就是喜歡登上緩慢移動的扶手電梯，看着琳琅滿目貨品的新鮮感。

在讀書時代，被港日漫畫熏陶，去百貨公司有了一點目標，就是放在六樓的那些就算是每個星期齋睇一睇，也跟不上新產品面世速度的模型、遊戲機和各式玩具。

到高中大學，常常和一大班同學不分晝夜分組做習作和處理莊會事務，就會不時去百貨公司地庫，入手適合不同環境和場合的零食。

剛剛出來工作，開始要選購一些稱身的衣物去面試和返工，就開始流連五樓，地獄式格價，和幾個死黨用極有限的金錢，去買不同的男仕服飾，還會輪流穿以節省成本。

之後拍拖，又會陪伴另一半去購物，由三樓開始一直殺落地下，由女仕服飾一直掃落化妝用品，當中亦要鍛煉巧妙地避過所有名牌專櫃的能力。

當上父母之後，又重回了百貨公司，主攻高樓層的嬰幼兒用品和特價場。我和老婆的焦點，由兩口子擴展到小朋友的身上。

在人生的不同階段，我們所在意的事情，會因為生活需要而有所不同，去百貨公司也通常只會去相應的樓層。

但其實，百貨公司自啟業開始，全部樓層就已經準備就緒，我們很少着意去走一趟其他樓層，就只因那一刻並不需要。

因為這次「尋找刮泥車」的經歷，令我意識到，這種由需求主導的視野，在當上父母之後原來並不足夠。因為如果每次也只因為需要才去找，整件事就會很被動，如果緊張子女，何不主動點去了解他們所愛，一同去傾談和尋找最適合他們的東西，甚至目標？

百貨公司，見證着自己人生不同的階段，同時也提醒我們，子女也正在經歷相同的時間線，只是在不同的時空。而我們在相對同年紀的時候所看到的，並不代表子女也看到同樣的東西，不同年代的需求，會隨着時代變遷，反映在貨架上。逛一下整座百貨公司，某程度上也可以了解一下這時代人們的需求和價值觀。

已成為父母的我，常常提醒自己，要從子女的角度，盡量理解他們在不同人生階段的焦點。逛一下他們愛去的百貨公司樓層，回顧自己經歷的同時，也用他們的視角重新看一下新一代的需要。

作為子女，如果有一天，在潮流品牌的樓層看到一個阿叔，也請不要太驚訝。他們可能是辛苦地突破尷尬，嘗試走進這個時代的樓層，去窺探一下，常常令他們摸不着頭腦的子女內心世界。

當不同年代的人們走在一起，就會有因代溝生成的價值觀衝突。這情況是對等的，包括父母和子女之間，亦泛指長輩和後輩之間。父母又願意花多少時間，在繁忙的日常工作中，看一眼子女期待你陪伴的眼神？子女在追求物質的生活中，看一眼父母那雙破舊卻不捨得換掉的皮鞋？看漏了，就只因那一刻，我們並不在意。

人生中遺憾的事，莫過於近在咫尺卻不以為然。逛百貨公司，行兩步落兩層就是其他年齡層的世界；一家人的相處，連行兩步也不需要，換過角度放低少許自尊就可以，何不努力一試？

人生的不同時段，會放眼不同地方，父母和孩子也應多站在對方的立場去看。

鋒利的雙刃劍

有時候，小朋友的好奇心和創意，往往超出成年人的想像。毒男爸爸的兩隻馬騮曾經創造出將洗頭水混合沐浴露的「愈洗愈黏沖涼液」、把鉛筆芯插入膠擦的「愈擦愈黑擦子膠」和倒豉油落茄汁的「鹹甜怪味鮮醬油」。簡直媲美叮噹法寶的天馬行空。

所以我們會嚴選一些適合他們年齡應該接觸的東西，為免想像力過分放大，或是過早接觸與年齡不符甚至危險的資訊。

在毒男爸爸的眼中，小朋友可以接觸的東西，大概可以分成兩大類。

第一類，是功能比較單一的，父母可以完全掌控，根據東西的好壞或實質需要，衡量過之後再給予小朋友。這一類因為決定權全在家長手裏，所以當子女得到的時候，已經附帶父母認可。抗生素、健康補充品，甚至四大長老的寵愛，都屬於此類。

第二類，則是需要給子女的，但父母只想他們用於特定用途。而通常，小朋友出於好奇心和創意，就會把東西用於其他地方。

例如，八達通到手，你估小朋友會否只是用來搭車？哥哥的學校有老師分享過，曾經有位同學仔，慷慨地「嘟」了大量小食

部的零食，四周圍分享；剪刀到手，你估小朋友會否只是用來做學校勞作？細佬試過二話不說，就把我喜歡的珍藏書剪爛，只因裏面有他覺得靚的插圖，當然也順手剪爛其他工作紙。

2020、2021 年疫情持續，作為網上課堂的必需品，那台家中被視為禁果級數的平板電腦，由上列的第一類躍升為第二類物品。以前，我和老婆一直都不會讓兩隻騮用電話或平板電腦，我們自己也很自律做好榜樣，不會在他們面前使用。

平板電腦到手，你估兩隻馬騮會否只是用來上網課？……還是接受現實吧。

平板電腦等電子用品，除了上網課之外，還可以聽歌、上網、打機、影相、拍片，就好像科幻故事裏的一台鑽地車，讓一直住在井底地洞下的小朋友，鑽出地面突破天際，令他們大開眼界，放眼廣闊的大地和星空，發現世界其實很宏大。

當然，有很多方法可以阻止小朋友胡亂使用平板電腦。我們試過設定權限控制，但有些課堂使用的視頻，由於沒有設定閱覽級別，令需要的教材也被過濾走，導致小朋友上不到課；也試過限制某些應用程式的存取，結果又是令到學習用的教材運行得不順暢。總之就是很難做到理想設定，令平板電腦「只能」用於上課。

最後，我們返璞歸真。既然很難掌控，倒不如一家人一起面對，寓勞氣於學習。

現在，主要用來上網課的平板電腦，只是單純地減去遊戲、不能自行安裝程式、遮蔽成人內容和啟動了內容監控，那我和老婆就可以盡量免去與學習無關的程式，和知道兩隻馬騮閱覽過甚麼內容，如果發現有甚麼不對勁，就立刻講解和引導。

這幾個月，我們就這樣任由兩隻馬騮揮舞這一把既可學習亦可學壞的雙刃劍。練得好，就能掌握學習技術；不幸被劃傷，就去治療。

他們現在已經能夠掌握所有上網課有關的操作技巧，亦會使用網上搜尋引擎，發掘和課堂有關的其他資訊。而最重要的是，當他們看見一些不適合或是感到很疑惑的內容，便會主動向我們求教。這是一個必須培養的習慣。

我們發現，年紀還小的小朋友，很多時候也是被單純的好奇心驅動，只要適時講解，他們明白了就會轉向發掘其他事物。世界很大，我們認為，求知欲應該先朝向廣域發展。當他們找到有興趣的科目，才繼續鑽研下去。

分享一下，在疫情期間，兩兄弟學會了和平板電腦有關的技能：他們拍了很多有趣短片，學會簡單剪輯，甚至用 LEGO 製作定格動畫；自行和幾個同學仔，用 Zoom 做 Host 吹水交流；尋找一些他們有興趣的資料，包括有關宇宙太空的航天技術和有關哈利波特的魔法咒語。

健康的自學模式，令他們在某些範疇上比我知的還要多。所以說，雙刃劍有危險性，但識得用，其實好好用。

令人又愛又恨的資訊科技，遇上疫情的推波助瀾，家長最終要無奈低頭，
還是重新定位教導方向？

有陣時，
我會唔會對兩隻馬騮太惡？

知唔知「愛」嘅極端相反係乜？

係「恨」？

係 indifference 漠不關心。
惡，係因為你緊張佢哋。

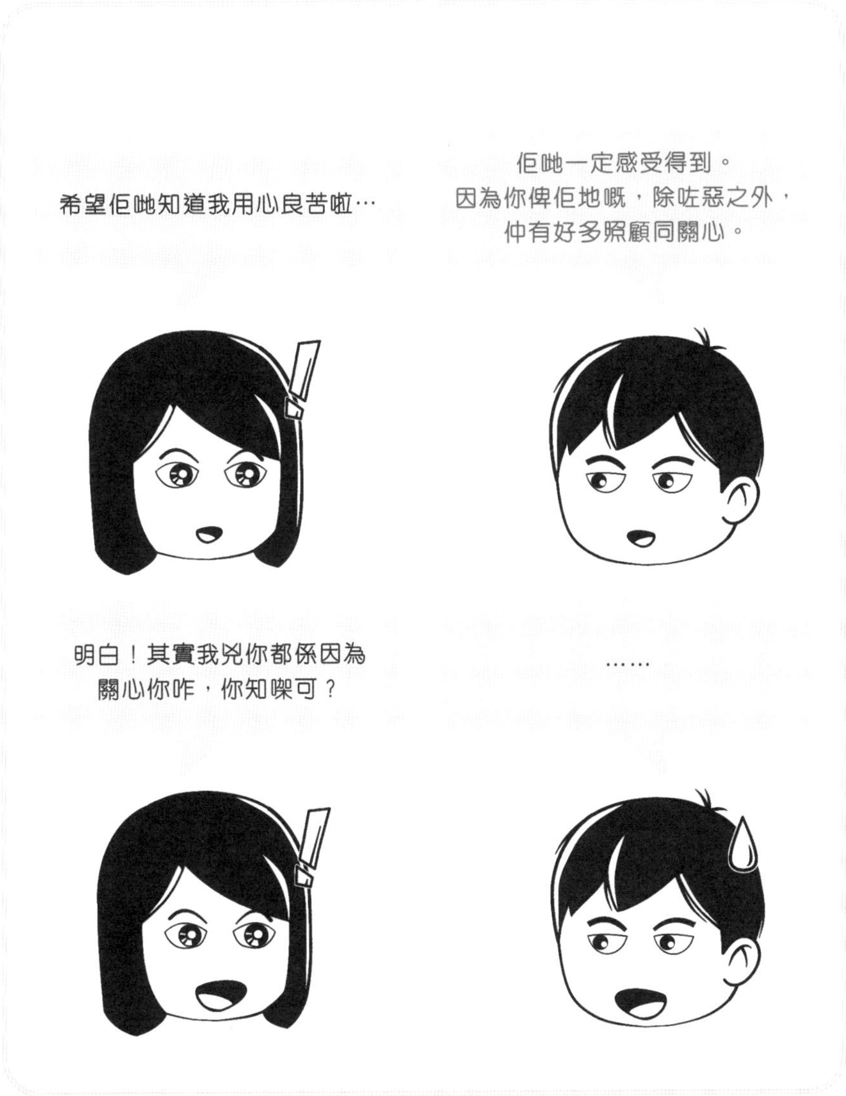
希望佢哋知道我用心良苦啦…
佢哋一定感受得到。
因為你俾佢地嘅，除咗惡之外，
仲有好多照顧同關心。
明白！其實我兇你都係因為
關心你咋，你知㗎可？
……

第五章
別忘了，夫妻關係

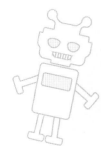

爸爸與老公
媽媽與老婆

很多家長為了不混淆小朋友的認知，會盡量用他們的角度去說話，儘管不是嬰兒話，也會將整個家的核心轉向小朋友。最典型的例子，就是孩子出生後，老公老婆突然間消失了，家裏就只有爸爸媽媽。

為人父母，就此出現了很多種對象非小孩而是夫婦間的奇幻對話，原因只是為了切合小朋友的角度：

1. 老公勁開 OT 時：「媽媽我今晚會遲。」
2. 老婆扭買名牌時：「爸爸買俾我啦。」
3. 老公做錯瀨嘢時：「媽媽原諒我啦。」
4. 老婆發火怒爆時：「爸爸你係咪想死。」

理念上，毒男爸爸是偏向「小孩是家庭成員而不是核心」的派別。雖然未必一定百分百能做到，但也時常提醒自己，不應讓整個家也圍着小孩轉，避免他們過分受注意而被寵壞。

毒男家中，不會出現一式一樣的稱謂。身份上，父親時候叫「爸爸」，丈夫時候叫「老公」，一家三口一起，老婆就會這樣說：

1. 毒男爸爸出門返工時，對我：「老公今晚返來食飯嗎？」
   對阿仔：「同爸爸講拜拜啦。」

2. 和阿仔在客廳裏玩時，對阿仔：「問爸爸可唔可以玩呢個啦。」對我：「呀，老公幫我倒多一杯水吖，唔該。」

由阿仔出世開始，大約三年時間我們一直是這樣做，分享一下，阿仔完全沒有混亂，更會問為甚麼和聽解釋。例如他叫「舅父」我們叫「細佬」，便會給他解釋這是媽媽的弟弟，但叫法會不同。以稱呼為例，畢竟生活上和家裏不同，和世界互動，並非容易每樣東西也是由小孩出發，不主動改變，適應上對小孩反而有好處。

唯一的誤算，是太低估小朋友的能力。所謂的身份和輩份，也即是社會中的 hierarchy，中國人輩份分明，稱謂系統複雜，對生於小家族的毒男爸爸來說，好難，很難。老婆生於大家族，這方面倒是很強。學習過程中，在阿仔了解到「舅父」和「細佬」的同時，也明白到稱謂有分別，就是身份有分別。

為甚麼我會有此感想？其實是有一日，阿仔扭計，我叫他不可以現在就打開一盒新的玩具，要等食飽飯後，他堅持，我很認真的對他說：「爸爸話咗唔可以！」在阿仔想要出皇牌，拿媽媽出場的時候，原本正常的一句「媽媽話可以」，他卻用了更具爆發力的一句：「你老婆話可以㗎。」

我即場呆了。正當我轉目向老婆求救的時候，她已經笑到有點失控，阿仔望一望媽媽，好像又啪多了一支強心針一樣，回望我，再堅定的說：「係呀，你老婆話可以㗎。」

這回到我也笑翻了，所以，真人真事，由身份認知，到輩份稱謂，甚至到弄權，對小孩子來說，並不難。

小朋友在探索世界時候的吸收能力其實很強，不同場合的不同稱呼，不會產生混淆，反而能令他們明白得更有層次。

我堅持在家不統一稱呼，讓孩子明白每人都有多重身份，他們的媽媽，
同時也是爸爸的老婆。

第二胎的感謝信

細佬滿月的時候,毒男爸爸感觸良多。

不要以為第二胎,經驗老到。其實湊初生嬰兒,經驗只是基本,最大的挑戰,是時間分配,尤其是在職的父母。曾經一段時間,毒男爸爸在工作量上失去預算,所以此非經驗問題,最嚴重的問題是沒有時間。而這個問題,最破壞的是情緒,產生磨擦,並與湊初生嬰兒的壓力形成惡性循環。

這是一個和哥哥完全不同的境況。記得哥哥出世的時候,有充分的時間準備,平衡工作和家庭的比重。但這次,公司殺出一個突如其來的任務,原本計劃好的一切完全不能如想像般實行。基本上這個月來每晚回家已經是九點以後,哥哥已經睡了,老婆則努力湊細佬。雖然這次也有很多支援如婆婆、陪月及工人姐姐,但老婆很多事情也是親力親為的。

每日,我的公司事務日常會議一個接一個,她在家裏餵奶換片的工作,也是一個接一個;當我在公司,面對四方八面政治毆鬥的時候,她就在家裏處理親戚長輩湊B分歧;大約三個鐘頭的不斷循環,我覆電郵、開會、跟進,老婆餵奶、掃風、換片。我很明白,老婆儘管全職在家,湊兩個仔也並非易事,我放工後還可以休息,但老婆卻是 24 小時。

這個月，我們「物理上」在一起，但「同步率」卻很低。就算在家，明明已經是深夜，每每在走廊擦肩而過，老婆就是衝去餵奶，我就是衝去覆電郵。作息時間嚴重不定，雖然未算同床異夢，但卻為自己的範疇煩惱，她為人奶量，我則為工作量……

在公司，每每想到老婆在家奮鬥，就想買份禮物鼓勵一下她，但生了第二胎後，經濟更加緊拙，要準備一份又平又正又有意思又合用的，還要之前未買過又有新意，真是難到極點。以前試過花了心思去買份好一點的禮物，但由於價格超出預期，又會被責備啦錢。始終在家庭 CFO 袋裏花不必要的錢，實屬死罪。

這次，來個返璞歸真，提議一星期用一至兩晚，夫妻努力騰出一至兩個鐘，我放工用時間去選支酒，老婆就計好餵人奶時間，一起放下一切，拍個 120 分鐘的拖。其實生仔之前，兩夫婦已經實行每星期去吃一次晚飯，以維持一定程度的二人世界，這樣買支酒，比晚飯經濟得多，也因此得到 CFO 的批准和鼎力支持。

夜闌人靜，難得的兩句鐘，一支 Half Bottle，不講各自的辛苦，倒只是在談情；每段對話，一口紅酒配上小小軼事趣聞，每次 cheers，酒量少碰杯聲音愈是清脆。放下湊仔放下工作，這一段絕對的夫婦二人世界，得來不易。乾了一小杯之後，又回到現實，繼續忙碌，但我們相信，辛苦過後又會回復正常；短短的約會，就在蝸居的客廳，小心思大給力，然後一起繼續努力。

最後我只是想講：「老婆，多謝你對家庭的付出。對於一個出身於出名戰鬥力奇高的女校，事事認真 chur 到爆的職業女

性，放低一切全力轉戰這頭家，日日對着三條 King，我已經夠毒夠難頂，兩件細 King 還要遺傳了毒男爸爸的缺點，我們輪流要你操心也真的很感謝您。您常常問生完仔，皮膚有冇差身體有冇肥，我好想話你知我冇生過仔，皮膚差過你又肥仔過你，仲要成日發脾氣。總之，永遠有我墊你底，永遠有我墊在你底支持你托住你，放心。我愛你！」

成日話出書不應該公器私用，但不得不承認，這篇有點公器私用，我是不折不扣的想用這本書再感謝身邊這個出盡力為頭家的老婆。

容我在這裏放肆一次，Okay？

生一胎已經辛苦，還要生兩胎。怎能不衷心地好好感謝老婆一番。

一加一 大過二

　　老朋友到訪，帶來了一支好年份的紅酒。舊世界的酒，悠久的釀酒歷史，醒酒的過程中想當年，談起舊時拍拖到結婚的軼事。兩隻馬騮，則暫時拋低給長老們照顧。

　　一班人到中年的阿叔阿嬸，探討了一個老問題：究竟兩個人相處，是性格相似志趣相投比較好？還是喜好不同性格各走極端比較好？

　　我沒有答案，亦沒有資格去分析，但我可以分享，我和老婆是屬於後者，而且是180°截然不同的性格。走在一起，看似風馬牛不相及，有時更火星撞地球，但卻一凹一凸，在生活和相處上，有很多搞笑的經歷和火花。

　　記得和當時還是女友的老婆，有一件很深刻的軼事。

　　自小我便喜歡不同類型的藝術，攝影、電影、繪畫、雕刻、當然不少得日系漫畫和動畫。我也喜歡在上課的時候，偷偷地在教科書裏，畫滿當年紅爆的卡通和一些名畫仿作品，或是把插圖加手加腳加武器甚至加架車，伸延出各種古靈精怪的塗鴉創作。

　　但偏偏，我是一個理科生。由高中開始，除了中英數的主科外，學習便圍繞物理、化學、生物和與之相關的課題，和文科有關的歷史、文學、地理，完全一曉不通。所以我的美學視野，純

粹是順眼或是單純的喜歡，嚴格來說，根本談不上是懂得欣賞。就算去參觀展覽，也有點走馬看花之感。

世上有很多非常出名的畫作，看在我眼裏都只是平平無奇，我以前常常在想：「究竟呢幅畫點解會係名畫？它甚至算不上是很美。」

喜歡藝術畫作的朋友，看到這裏想必無明火起，因為未能好好欣賞藝術作品，某程度上是一種對創作的侮辱，我同意；但礙於我真的完全只用主觀角度去看畫，所以欣賞能力只止於此。直到有一次，我們出遊，去一個充滿藝術氣息的地方，參觀了很多美術館和博物館。

於是，我就問了她這一個，一直在心中對畫作的疑問：這幅畫為何著名？

「因為它的歷史。」她答得簡潔，而且很帥氣。全因她是文科生，更非常喜愛歷史科，所以她知道很多和藝術創作時期有關的歷史。但是她對藝術其實毫無興趣。

然後我們開始交流，有關我喜歡藝術和她喜歡歷史的原因，又一同細看每件作品旁邊的簡介小牌子。畫家的自身經歷、當時社會的風氣、時代的變遷、落筆用色的大膽變化到作品輾轉被傳頌的過程，造就了這些舉世名畫。

就是這段我和她，藝術和歷史的融合，成為我倆人生中其中一段，很深刻的相處回憶。

喜歡，是純粹感覺上的；但欣賞，則是需要加上了解。我和老婆，兩個性格截然不同的個體，能夠走在一起，當中也要了解各自的歷史，才會互相欣賞。除了愛情和畫作，紅酒、朋友，甚至子女也是一樣。

兩個人在一起，碰出了火花，再也不是兩個個體。一加一，由二人世界，變成了一個四人家庭；一加一，傾談多了軼事滿滿，更衍生了毒男爸爸的網誌；之後的一加一，和兩隻馬騮的兩代人，把家庭伸延下去。

從我倆相處的這十數個年頭，我明白到兩個人夾不夾，能否相輔相成，不在於性格和喜好層面上的相同或不同。最重要的，是雙方有沒有共同的價值觀和開放的心態去傾談，接受和而不同，從相處之中找尋一加一大過二的共鳴。

性格喜好一凹一凸的兩個人，加起來會撞出不同的火花，撞出大過二的可能性。

戲外仍是愛

人生如戲，育兒更應如戲。我指的是，從子女的角度出發，因為他們在十歲前的人生，甚至更長，父母這角色是會不厭其煩地每天出現在面前。

父母這兩個角色是否出色，當然和製作經費掛鈎。但育兒上的投資，經費不是金錢，而是感情和時間。一齣好戲，角色鮮明層次豐富，每句說話也有內涵；一套爛戲，主要角色也慘如臨時演員般過鏡，感情單一毫無個性。

毒男爸爸和老婆，不時也會討論，作為父母的角色，和在育兒上如何分工，扮演甚麼角色。

我們都不是專業演員，明白要令日常的舉手投足，以致身教可以有足夠說服力，最直接莫過於做回自己，真實一點把自己在兩隻馬騮面前呈現，從中加入教導的元素。

老婆是一個能量充沛的人，充滿理想和目標，很有前瞻性。但某些時候講咗當做咗，有時甚至諗完已經當做咗，然後又繼續往前衝。由追她的一刻開始，我已經想追上她的極速節奏，但卻連車尾燈都看不到。

而我，也會前瞻，但原因則是相反地為了顧後，甚至去到很

麻煩的地步。凡事也要非常仔細，感情需要逐步鋪排，非常多自家理論，執着得好像有強迫症一樣。有時候，老婆想稍為慢下來遷就我，但卻往往頂唔順拂袖而去。

簡單總結，就是「chur」和「hea」之別，老婆那強勁急速的壓迫感，和我那懶懶閒閒的隨意感。

這正好是一個很典型的角色反差設定。急速和緩慢、嚴厲和放寬、認真和隨意，只要做自己就可以有不錯的發揮。相信很多家庭，也會有這種類似「惡人」和「好人」的分工模式。

很幸運，這個模式運作了已經有好幾年，也尚算順利。我們差不多每星期，甚至更頻密，就會去檢討做法，為的是要令兩隻馬騮可以從一家人的相處中學習。

我們發現，與其說是演一齣戲，感覺上更像舞台劇或綜藝節目，因為作為「觀眾」的阿仔會給予即場反應，令作為「演員」的父母需要靈活變陣，做出好效果。講到尾，好效果只是基本，重要的是過程中所灌輸的教導，這些多數也不只是書本的知識，而是生活的教養。

有三點經驗，是我們經營了這個「長壽節目」幾年的分享：

1. 惡人

第一，作為「惡人」的角色，平日經常維持着高能量指數，對兩隻馬騮比較嚴厲，他們真的需要間竭性呼喝，才會聽得入耳。有時候如果他們仍然不聽，老婆的升級伎倆，反而是會威嚇

找爸爸來處理，因為他們明白「爸爸發火，非同小可」的道理，如果我出手，就是沒有上限的認真教訓。

2. 好人

第二，「好人」的角色擔當了一個重要的緩衝作用，尤其是家裏氣氛很僵的時候。但同時要不斷去解釋和提醒，出自媽媽身上的嚴厲和兇惡，全部都是出於對他們的緊張，媽媽責罵得愈狠，其實就愈心痛。背負着沉重的心情，當中全是愛的表現。

3. 演員

最後，作為「演員」去參與這個育兒節目，除了相輔相成之外，合作中難免會有火花，指的不是愛火花，而是真真正正可以燒了間屋的干戈真火。例如，老婆極其嚴正地訓示兩隻馬騮時，不適當地衝出來打圓場；我用軟功正在一步一步說服兩隻馬騮時，老婆卻性急地打斷鋪排令到前功盡廢；當然不少得重疊對白，令阿仔無所適從，諸如此類的 NG 情況。

落場之後，卸下父母的角色，不妨抽離一下，以夫妻的身份食餐飯飲杯酒，修補一下因為育兒而產生的種種衝突。

藉此提醒大家，無論是怎樣演繹，夫妻定必是目標一致，為教好子女而出盡渾身解數去演出。戲外，夫妻的恩愛，才是建構一齣好戲的根基。

育兒方法不同，時有衝突也在所難免。但別忘記，大家更重要的身份，是夫妻。

快閃的二人之旅

生了小朋友，由二人世界，到三人四人甚至更多人數的家庭，莫說逃離一下，就算找時間坐下來靜靜傾談也有難度。

雖然未必一定做得到，但我們夫妻兩人，一星期總會找時間去撐枱腳食餐飯。這個習慣並不會偷偷摸摸地去做，在兩隻馬騮略為懂事之後，就知道爸爸媽媽每個星期，也會有一段二人時間。我們也會解釋這是爸媽作為好朋友之間的交流傾偈時間，他們亦會打趣地説，哥哥細佬其實也要有二人時間。

對夫妻來説，couple time 非常重要。偶爾談天説地，細細聲講下是非，認真討論下天下大事，可以有效維繫家庭關係。

一直喜歡旅行的毒男爸爸，又怎麼安於短短的撐枱腳時間，我不時仍會心癢癢的想去旅行。

就在細佬剛剛兩歲，扎扎實實比較好照顧，哥哥幼稚園中班，已經大致適應校園生活的時候，兩公婆終於在生完哥哥之後的第五年，首次拋低兩隻馬騮，離開香港並重拾拍拖時光，名副其實來個快閃旅行。

這個快閃旅行，的確非常短，但卻極之充實，中間也有相當多的機會，讓我和老婆可以盡情地放鬆和暢談。我真的由衷地

想好好記錄一下這次行程，以作回憶。如果有一天，各位新手父母，終於可以稍為放低子女，也建議參考一下類似的編排。

這次旅行，目的地是日本，一如既往，兩隻馬騮是知道的，並且同意和支持。當然，代價是答應買手信回來，而他們的所謂「手信」説是禮物更為準確。在他們知道我們會去一次短途旅行之時，已經相應提高了禮物的要求，真是非常醒目。

星期二晚上，安頓好兩隻馬騮入睡後，交托好工人姐姐，便只抽着一些輕便的旅行用品，出發到機場。乘坐凌晨客機，小睡之後就抵達關西國際空港。落機後沒有停下來，緊接跳上火車，再來另外三個鐘頭，縱渡向北的快速列車。

老實説，這程夜機加早班火車，的確幫助我和老婆沉澱了心情，尤其是對兩隻馬騮的掛念之情。由哥哥出世之後的五年間（細佬的兩年間），我們寸步也沒有離開過。由踏出家門已經開始記掛他們，然後幾近十小時的交通，使我們能夠靜靜睡一會兒，真正地投入放鬆的旅程。

我們的目的地，是位於兵庫縣的城崎溫泉。選擇這裏，首先當然是可以浸溫泉，而城崎溫泉則屬於比較古舊的溫泉鄉，在山林間自成一角。泉區更有很多特色溫泉，買一張套票便可使用區內的著名「七大外湯」，每一個也有獨特的功效和故事。

放低行李，沿着溫泉街散步，訪遊地道老街商店和小型美術館，經過有歷史背景的景點和泉眼，再走入休閒的咖啡店，開始和老婆閒聊起來。

由哥哥到細佬，這幾年裏，經歷了哥哥的眼睛問題、細佬的濕疹問題；教育上經歷了入學的奔波、兩隻馬騮學習的進度，還有一切環繞四大長老的軼事，幾乎是一浪接一浪，兩口子團團轉卻牽着手，一起走過這條共同的育兒之路。

晚餐前，選了一兩個外湯溫泉，開始享受獨自的休閒浸泡，真正可以合起雙眼來放鬆和自省。晚餐是滿枱當造的食材，懷石料理配上日本酒，又是另一節夫婦聊天的好時光。

浸過溫泉，身心也紓緩下來，我倆暢談着過去，回看並感謝這幾年間的互相扶持。一切由零開始的新手父母，每分每秒也是新衝擊和挑戰，在育兒資訊滿佈的世界游走，直到發現原來發自父母內心的愛，才是推動正確選擇的正道，育兒路上凡事幾乎沒有對錯，只有盡力與否。撫心自問，已給予阿仔我們能力可及的最好，其他就看他們自己造化了。

晚餐後稍作休息，牽着手又走到點亮燈火的溫泉街，嘗試其他外湯溫泉，微雪下的溫泉街感覺頗冷，但我們內心卻非常和暖。

浸過溫泉的確特別放鬆，一晚充分休息，吃過和式早餐，最後再浸一次溫泉，然後就乘火車南下回到大阪市。午後呷着咖啡，穿梭人群鬧市間，選購兩隻馬騮要求的禮物，並閒逛以前拍拖不時到訪的店舖。

晚上回歸璀璨，特意找了市內一間位處很高，能夠一覽大阪市夜景的餐廳。一邊進餐一邊準備回歸現實，開始傾談一下回家後的安排，也前瞻未來幾年，家庭、子女和事業方面的各種方向，好讓充滿電後的夫妻，有力再衝再走更遠的路。

然後是另一晚的酣睡，吃過簡單早餐，是時候收拾心情，打道回府。

這個旅程，是我的人生中，數一數二「短」的行程，由踏出家門到回家，只是大約 72 小時。但這三日兩夜，兩口子主力放鬆吃喝和休息，由感謝，到回顧，然後前瞻，暢所欲言如我倆初相識的時候。

老婆甚至把這次「疾走 72 小時」的出遊，定性為「私奔」程度的刺激之旅。自此之後，現時仍未有另一次。因為兩隻馬騮長大了，旅行也盡量全家一起去，加上 2020 年 2021 年遍佈全球的疫情，極其量就只能留在香港 staycation 了。

熱切期待，下次的「私奔」。

生仔好幾年之後，才有機會出走外遊，一定要好好記錄下來，留待日後回味。

偶爾自我獨一下

——對夫妻，能夠走在一起，總是有一點點吸引對方的個人特質。不過，這些個人特質，會因為長期的相處而磨蝕。首先是愈愛對方就愈會作出遷就，然後當上父母之後，焦點轉移到子女身上，個人特質就更加谷易消失。

毒男爸爸有了兩隻馬騮之後，有一段時間真心覺得生活太過機械化，不是生活太刻板，反而是育兒上實在有太多變數，令自己只顧着忙於奔命，去處理從四方八面彈出來的問題。

曾經有一位長輩和我分享夫妻之道。他說人與人之間的溝通相處，就好像互相加入了對方的會籍，身為會員有儲分制度，積分可以換取禮品，禮品當然是指雙方的時間、人情，甚至是用來擋煞抵銷過錯。儲分換分，儲分再換分，到達一定積分交易量，會籍還可以升級。

這個級別制，由綠色的普通朋友會員，到銀色好朋友，然後金級知己，再攀升到白金情侶，最後到黑魂夫妻，各有不同層次的禮遇（或制約）。

但這個會籍計劃，最詭異的地方，是積分並非由購物消費去獲取，而是透過好像天才表演的自由發揮，再由無私的評判去評核並轉化成積分。

所謂的「無私」評判，實際上反而是「無比私心」的意思（誤），過程還要是一對一，加上還要講運氣看看評判當下的心情，簡直可以説是隻手遮天的不公平玩法。每次評審的分數，下限更不是零分，偶一不慎是會被扣減之前辛苦經營的積分。

　　當評審變成完全只憑主觀感覺，好和壞、好睇唔好睇、靚仔唔靚仔、關心和煩厭，都只是一線之差。相反地，有時候一個很不經意的舉動，簡單如一個適時的祝福，反而能突然拿個高分。有些朋友，甚至能夠憑這次的加分，會籍級別由知己升級為情侶，由情侶升級為夫妻。

　　那位長輩説到這裏，特意停了一停去強調，就是因為這個畸形的賽例，人與人的相處，變得因為追積分，去估計評判要甚麼，而容易失去自我。

　　事實上，愈高階的會籍級別，參加人數也會越來越少，由普通朋友一直篩選到夫妻，由一大班人去玩互相擦積分遊戲，去到黑魂夫妻級別，日日單對單的互動表演評分。

　　有了小朋友之後，因為多了哥哥和細佬，在老婆的袋裏攞分難了。有時候，滿有自信熱了身，想賣弄一下身手，耍套浮誇拳法再接續凌空翻騰，難度 5.0 最後穩定落地，再翻滾到老婆面前擺出完美姿勢。那邊廂，細佬簡簡單單一個前滾翻，還要輥到失去重心，一仆一碌倒地，但眇來一個可愛爆燈的尷尬笑，最後得分仲高過我。幾唔公平。

　　現實中，因為工作壓力、阿仔學業、疫情影響、不同的生活

變數，令到為家庭努力去做的每件事，未必會有預期中的回報。就是這樣，自己很容易會鑽牛角尖，變得只懂改變自己融入環境，然後漸漸地迷失，跌入惡性循環之中。

要經營一頭家，每個成員的付出都是不用置疑。偶爾放低一下，不為子女而做，也不為老婆而做，而是為自己而做。暫時放下爭取積分的心，做一些未有老婆未有子女之前，自己喜歡的事情，給自己心靈放一下假。

每個人的興趣和減壓方法都不盡相同，可幸毒男爸爸興趣多多，開宗明義自命為「毒」，當然可以很「獨」。但我的朋友之中，很多人都沒有太多個人興趣，就算能放假，也未必能抽離。所以我建議大家，尤其是成為父母之後，一定要找到一個有效為自己減壓的方法，去放鬆並拾回一點自我，之後返回崗位再努力。

返工要小休，育兒要小休，就算是多好的夫妻關係，也要小休。

就偶爾用黑魂夫妻獨特會員的積分，去換半天假吧。因為我忘了說，積分的到期日，其實也是完全控制在「無私評判」的手上。你而家有，將來隨時會冇。

不要因為家庭的無止境需要，事事遷就失去自我。偶爾也應找機會自己
放鬆一下，才能走得遠。

毒男一家
- 語錄 -

老公，你千祈唔好早死過我呀！

其實我控制唔到㗎喎。

總之我哋都要健健康康！

好！！我盡力而為！！

咁唔該你平時早啲瞓，
你唔細㗎啦！

好！我盡力而為！

仲有呀，一定要做下運動，
要食得健康啲，個人放鬆啲。

好⋯⋯我盡力而為⋯⋯
（教我如何放鬆）

第六章

爸媽唔易做

手指定奶嘴？

想問一下大家，見過奶嘴橫飛如戰場的情景嗎？我見過，真的見過，一點也不誇張，在毒男爸爸的人生中，奶嘴的出現，多數是不安分地飛來飛去的。

話説在前面，處於「口腔期」的嬰幼兒，會很自然地有口腔吸吮的需求，這個舉動主要用來自我安撫情緒。在初訪世界的歷程中，不管是肚餓、疼痛，或是疲倦，對自身也是認知上的衝擊，適當的安撫非常重要。同時，藉着把東西放入口，也能學習控制雙手，用另一種感官去探索。

就算早在媽媽肚子裏面，很多懷孕期的嬰兒已經會有吮手指的行為，所以這個行為，基本上是與生俱來的反射動作，個人覺得不應該阻止，小朋友到長大後慢慢會因為身邊多了其他事物而自然戒掉。

這次想分享一件長達幾年的趣事，重點並非在於「吮不吮」，而是「吮甚麼」。

阿仔的婆婆是一個非常非常抗拒奶嘴的長輩，哥哥出世之後，每當她看到奶嘴在口，都會第一時間扯走，再加一句：「好核突呀！唔好吮奶嘴啦！」

有幾次她甚至把奶嘴直接拔掉拿走，再偷偷地把它藏起來，為的只是不想見到哥哥吮奶嘴的畫面。

　　但到底有幾核突？我也不知道，因為同一個場景，如果哥哥放入口的是手指，婆婆是完全沒有問題的。她時常強調吮手指有幾好幾好，吮奶嘴有幾差幾差，雖然原因不明，但她埋尾最後一句一定是：「姨姨細個吮手指都吮到七歲啦！」

　　就是因為這份堅持，哥哥自細就只有手指可以吮。因為他是一個非常小心，凡事缺乏安全感的小朋友，他的吸吮習慣，持續到接近三歲。

　　此時問題就開始浮現，因為持續吸吮，手指起繭局部浮腫，有時哥哥腸胃不適，吮手指更成為其中一個大疑兇。婆婆知道這是自己的起始執念，但看到哥哥吮得非常就手，便真心開始有點動搖。當然，她還會用「阿囡食到七歲都不知幾健康」來帶過。

　　此時，細佬剛剛出生了，態度開始軟化的婆婆，一改常態，竟然主動遞上奶嘴。

　　但是，人生就是這麼戲劇化，一心想轉換一下的她卻碰了釘，皆因細佬自小就不喜歡吮手指，更不會吮奶嘴。

　　他喜歡的，是直接把東西吞落肚！細佬的口腔並非用來探索世界，而是用來進食，視吃如命的他，三歲的下巴摺疊級數已經坐三望四，米芝連身形好易認。

每次奶嘴一到，細佬意識到不是食物，便會立即炮彈式吐出來。結果，奶嘴的命運在這幾年還是一樣，分別只是被丟飛或被吐飛。

婆婆也因為這樣，有點兒不知所措。於是一家人吃飯的時候，關於手指和奶嘴的話題又再重新出現。

哥哥有點會錯意，突然捉住一歲多細佬的手指教他吮，自己同時也舉起手擘大口作狀吮手指。

婆婆帶點狼狽地連忙阻止，我卻聯想起另一段話：

"Who wants a pacifier? You have to get 'em, put 'em away, you lose 'em. Yuck!... We are gonna use the best comforting device in the world that we all born with. - Fingers!" *

但其實，整件事最無辜的，莫過於貴為淑女的姨姨，「姨姨吮手指都吮到七歲」的話題，講足六年有多……

*註：以上所提及的經典，是 2007 年 Apple CEO Steve Jobs 首次介紹 iPhone 時，摒棄當時市場主導用 stylus，引入直接用手指去操控 smartphones，原文為：

"Who wants a stylus? You have to get 'em, put 'em away, you lose 'em. Yuck!... We are gonna use the best pointing device in the world that we all born with. - Fingers!"

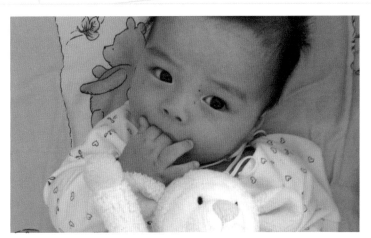

百萬富翁中，價值一百萬的問題：究竟俾阿仔食手指定食奶嘴好？我兩種也試過。

面試的反思

時間過得太快，阿仔已經開始返學了。所指的已經不是 playgroup，而是真正單拖冇人陪那種。

回想當初，我們只是報了三四間在我們家附近比較心儀的學校，重申，是「我們心儀」而並非「全港心儀」，即是不需日曬雨淋排餐死，不需幾千人爭一個位；報了名的這幾間，只要準備好資料，定時交報名表，然後就是等篩選和面試就可以。我們需要的，只是一個可以讓阿仔過群體生活，開心學習的地方。

雖然只是 pre-nursery，也得面試。在一個要拿超聲波 cap 圖去排隊報名讀書的社會，要一個兩歲未滿，連自己行去邊都未必知的小孩去面試，我雖然不了解，但也可以接受，與其說是小朋友的面試，倒不如說是家長的面試，或是讓家長有一個反思的機會。

何解？那就要分享印象最深刻的一次面試。那次是發生在一個很早的上午，那天阿仔因為早起身扭計，我們也為此早點出發，到達學校時，見到很多人、很迫，心想原來真的很多人爭取學位，上前一問，原來那班人只是早我們兩組的面試群，我們要多等兩批才到⋯⋯（壓力指數 +1）

走到毗連的超市打發時間，又是一班等面試的家長和小朋

毒男爸爸之論盡育兒手記

友，細小的超市裏，購物車變碰碰車，阿仔更扭計，好不容易找到一張貼紙，總算使他平靜下來乖乖等面試。等了很久，比原定時間也遲了，他已經不願放開貼紙，入場登記，拿走貼紙又喊過……（壓力指數又 +1）

面試前，還要看一段學校簡介，在場已經有幾個小朋友爆喊，包括阿仔……（壓力指數再 +1）

終於到戲肉，面試是簡單的小組形式，全部小朋友坐在班房的桌椅上，由家長陪同進行 15 分鐘的自由遊戲，老師在旁觀看評分。老師們在大家坐下來之前，説明最緊要是坐定定。一坐下，阿仔面前是幾架玩具車，他二話不説就走到地下玩，怎樣叫也不肯返回座位，全個課室，就只有他離座，唉……（壓力指數又再 +1）

經過幾個鐘頭的失控，心情跌到最低點，已經想爆炸。真正令我發脾氣的，倒是一份很大的內疚感，課室內的地板，有用膠紙貼成，給小朋友排隊的指示線。就在我極力抓阿仔返位的時候，他對我説：

「馬路。」阿仔繼續轆車。
「啊啊！」原來如此！我心很不好受。
（壓力指數爆錶）

雖然口口聲聲説不想阿仔變成聽命令的機械人，又説要給他一個自由發展的空間，到頭來反而因為群眾表現和擔心入學而阻止他做一些正常的事。

那一秒之後，我塊面黑咗成日，又講了很多晦氣說話，又責難老婆，全都是掩飾自責的感覺。老婆倒是很好，完全沒有和我吵鬧，只是靜靜等我自己燃燒，默默支持。她真是一個很好很難得的人，不單止是作為老婆，也是作為一個 soulmate，一個朋友。我們就是可以在很多事情上互補不足。

當晚，和老婆平心靜氣的討論這件事，向她道歉，也明白了她在面試之前已經做了很多準備，準備的不是怎樣令阿仔面試成功，而是了解學校的背景和設定了報名的排序，在沒有太大壓力下為阿仔找到適合的學校。明白了全部之後，知道沒有做好準備的，由始至終都是自己。

這是一次很好的經驗，也給夫妻之間對孩子的教育，有更深的共識。我打趣地和老婆說：說到底阿仔這次面試表現應該不會好，如果最後學校收佢，我跪玻璃！

一個月後，收到學校通知，阿仔在 waiting list。（汗！）

再多個半月後，收到學校通知，阿仔已被取錄。（囧 rz！）

最後，我們沒有選讀這間，因為另一間比較心儀的學校收了阿仔，毒男爸爸也走了數，沒有跪玻璃（真係跪會死人的！）。

為了紀念此事，我們在家庭歷史裏，稱之為「K爸爸面試連環不幸事件」，老婆應該會講一世⋯⋯

為子女尋覓幼稚園，是為人父母之後的一大考驗，當中不只是面試結果，也是夫妻之間的感情測試。

在職父母的不等價交換

家庭永遠比工作重要，相信大部分人都同意。但怎樣身體力行做得到，卻未必人人可以；近年間工作上真的頗辛苦，最大的挑戰，是時間分配和壓力處理上的失衡，雖然未能說對家庭造成影響，卻使自己忽略了「家庭永遠比工作重要」的大理念。

雖然常常自我提醒，一切需要「家庭優先」，但當努力工作，也是為了給家人和子女更好生活的時候，去執行「家庭優先」這指標上確實有點難平衡。在分配時間上，努力工作或是家庭相處，這條線實在非常之難畫，皆因這樣已不再是哪方面優先，而是時間資源不足的取捨。

很多人會認為這是等價交換，又或是 opportunity cost，如要達到目標，就得犧牲另一些去交換。個人認為，這是一個比較學術的看法，實際上，因為很多其他因素，付出的未必和預期得到的相稱。

舉個例，疲累到一個點的我，等車時可以選擇坐櫈或排隊，我放棄了坐下休息而去排隊，是為了可以上到車。但是車到時，可能因為滿座，就算排了隊也未必能迫得入，所以極其量我只能說，用可以坐下休息的機會，去換取增加上到車的機會，而非實際上到車。更不用說還會碰到一些不跟遊戲規則的人，坐完櫈還要彈過來插隊。

仕途上，情況相似。

已經晚晚加班的我，可以選擇回家爭取多點親子時間或繼續努力去搏取成績；我放棄了回家而去工作，心想為了可以得到好回報使家庭資源更充裕。但是每每去到收成期，可能因為公司削減資源、人事變動、搬弄龍門等因素，就算再努力也只能換來幾聲讚賞，或是毫無誠意的 lip service。所以極其量我只能說，用盡力去工作，只是換取增加回報的機會，而非實際上的即時回報。更不用說會遇到一些不跟遊戲規則的人，無所不用其極地彈過來邀功擺彩。

增加機會而非確實得到，其實是「投資」而非「交換」，全因付出並不能和回報劃上等號。更甚者，在這不確定的環境下，時間消耗才是對在職父母致命的地方。

以等車和仕途相比，等車事小，因為車一開，就可分勝負，你只會在車箱中邁向目的地，或是還在流汗排隊。幾分鐘的輸贏後又是一條好漢，下班車再戰；工作仕途，你的每一個「拼搏」可能是幾個月，甚至以年計。而且工作上，並不是話停就可以停，一旦踩了油高速向前，急停比原地踏步更具破壞性，這正是騎虎難下的境況。

那到底，繼續，或是停下來？已經放了很多時間，可能很快就可完成，現在停下腳步，前功盡棄？但子女轉眼長大，錯過了的相處時間又怎樣可追回來？

一連串的撫心自問，並沒有一定答案，因為説到底還是離不開取捨。這些問題，這一刻，我還未有答案。但起碼會問，就是意識到問題的第一步。

我這年體會到：溝通才是王道，無論再辛苦，身邊的人就是最好的伙伴，家人未必能夠幫忙解決問題，但卻可以一同面對，互相扶持；對小朋友更加不要逃避，要正面對話，因為他們已經可以明白事理。

家人知道我辛苦，哥哥懂事，會不時鼓勵我、細佬只得歲幾，但一個傻笑已經 make my day，老婆時常找時間一起吃個快飯，幾快的飯也傾談分享一下。很感激這些那些，使我們一家仍然可以開開心心傻下傻下一起成長。

一直很糾結，怎樣能平衡家庭與工作。後來明白，重點不是平衡，而是取捨。

孟母Ｎ遷

孟母三遷，我細細個就聽過呢個故仔，第一次接觸這個故事的時候，心裏面會想：吓？怎麼可能需要不斷搬屋，就算是為了個仔。

孟母的情況，是覺得居住環境並不適合兒子而主動搬遷，還不止一次；而成長中的毒男爸爸，印象中所有搬屋也是情況需要而並非主動遷居，極其量只是因為租約期滿，次數也少。

但是結婚後到生兒育女，便慢慢開始明白孟母的心意和實際的需要。回想一下，原來單計婚後到兒子上學，中間已經搬了三次屋，而每一次，都是基於小朋友的考量。在不斷搬來搬去之間，累積了兩方面的經驗想淺談一下。

首先，是交通方面。

當哥哥年紀還小的時候，曾經因為一間心儀的學前 playgroup，每個星期六都長途跋涉地把阿仔送去上課。

但長途車對小朋友來說，真的非常虛耗，差不多每次搖了整程車之後，阿仔都變得精神恍惚或脾氣暴躁，最後令他完全不能集中去上課，學習成效比一間普通的學校更低，絕對是事倍功半。

所以無論搬到哪裏，我們也一定會考慮交通。雖然很多時候也必須用到校車，但也會盡量選擇非頭站的上車位置，以減低乘搭時間。頭站上車先要兜圈接載所有同學，加上返學放學時間，一塞車小朋友就會被長時間困在校車內，就算一班細路可以喧嘩快樂，也不一定能熱鬧全程，只要塞車時間長一點，必定全車呆滯收場。

如果許可，我們也會抽時間，乘搭一些比較容易控制時間的公共交通工具，直接送他們回校，如果是課餘的興趣班，就一定先考慮鄰近家門的。

另外，是空間方面。

雜物是空間的天敵，雜物來源更是多不勝數，小朋友未能掌握精密的手工技巧，所以視藝創作往往非常大件，畫簿大得像盾牌，有時候紙品立體模型可以高過半個人。他們也大得太快，通常衫褲鞋襪只能穿一季。如果不想倚賴電子奶嘴，印刷版的圖書自然也會多。

更未說到被打入冷宮，毒男爸爸所喜愛的模型和玩具，大堆舊相簿和零碎的回憶收藏。老婆也有自己的物品。

這些應用周期很短，或是已鋪滿厚塵的物品，囤積得很快，不知不覺已經塞滿全屋，很多時更是搬屋才被發掘出來。

坊間有很多有關「斷捨離」的教學，總結了不同方式和一些親身經驗，我建議把家裏的囤積品，分成「留下」、「捐贈」和「捨

棄」三個類別。而決定歸為哪一類，取決於執拾它們的時候，拿上手的關鍵幾秒鐘，和幾個很實際的問題。

以下是一個我常用的流程：
望着拿在手上的東西，
IF［必定會在未來一年內再用］
→ THEN［留下］
ELSE-IF［東西價格值得消耗家裏空間存放］
→ THEN［留下］
ELSE-IF［可以送給有需要的人］
→ THEN［捐贈］
→ ELSE［捨棄］

而這個流程，建議每件物品的篩選，要在十秒內完成，決定了之後也切勿把他們再拿上手，尤其是已經落入捨棄類的物品，Let Go。

如果物件只是含有回憶成分，而沒有很大的紀念價值，我會影張相或掃描下來，然後也會捨棄。

每一次搬屋，也有很多黯然躲藏家中暗角的物件，在清空家裏陳設的時候重見天日，它們可能也很有紀念價值，不妨影張相留念。

最近試過，移開矮櫃，看到哥哥嬰兒時候因為換片失誤而彈射到牆上，抹不掉的排泄物痕漬，此刻哥哥就像局外人般問：「邊個啲漬咁污糟？」

也有試過，移開電視找到細佬三歲的時候，因好奇而拉跌並打破了重要家庭備份硬碟的大塊碎片，此刻細佬又像局外人般問：「邊個咁曳打爛嘢？」

望着兩位犯人，不知真假的詐傻扮懵，我和老婆只得對望而微笑。我們完全沒有怪責他們，反而因為他們的傻氣而快樂。這些可愛的回憶，正是見證兩隻馬騮的成長，也只有遷居時才會遇到。

為父之後，發現原來孟母三遷，一點也不誇張。實不相瞞，我都已經搬了好幾次。

相見與同住

大為不懂，所以想去學好，這幾乎是所有新手父母的原動力。看多了資訊和分享，然後嘗試實踐到自己家裏，汲取經驗後再改善。

在這個去學去試的過程途中，我們會接觸到不同角度的文章和影片，絕大部分都是正面且具鼓勵性的，育兒的暗淡時刻和失敗經驗，倒好像比較難看得到。

很明白，作為一個資訊發放媒體，盡可能也得正面一些，不放出太多負面東西，讀者也容易受落和消化。加上大家也覺得，有愉快健康的家庭氣氛，育兒之路便能順暢，所付出的努力和工夫也能用得合宜，最後水到渠成，成為開心家庭，大團圓結局。

開始了「毒男爸爸」這個個人網誌之後，我也成為一個作者，一個以父親的身份去分享生活軼事和想法的博客；期間我也發現，自己寫的也沒有過於負面的文章。

但事實上是怎樣呢？到底毒男爸爸，有沒有很獨很難親近的時刻？有沒有情緒失落和失控的時刻？有沒有因為育兒上理論與實踐的偏離，和種種生活壓力導致的衝突？

當然有，而且情況也非冰山一角，實際上很多時候都會發

生。其中一個寫作的自省，就是要提醒自己，也要面對為數不少的非愉快事情，因為經驗上，這些才是成長的引線。

有些對錯比較明顯的衝突，例如因為時間分配不善發脾氣，錯在自己，或是阿仔躲懶臨急抱佛腳，錯在他們，一家人頂撞兩句切磋一下就很快沒事。但是，現實往往沒有如此黑白分明。

有一次星期日的早上，我需要早起去完成一些公司的工作，就在我集中精神埋頭苦幹期間，兩隻馬騮起床了，一見我在客廳就急急腳梳洗，然後拉着我想一起玩。

我解釋了，並要求先多給我一小時完成工作。他們口說答應了，卻沒有耐性地坐在梳化盯着我，然後梅花間竹地每幾分鐘就拿着圖書、雜誌、未完成的功課，甚至一隻香蕉，去吸引我注意。在沒辦法集中，而且被公司同事催促下，我當然不負眾望，嚴厲地訓斥了他們一頓。

細佬的表情變化，是由開始扁嘴，到忍住但又不敢喊出來；哥哥知我很嬲，就算一臉愁眉仍努力硬食。

當我們了解自己的子女，達到跂起條尾也知他們想甚麼的程度，我就知道斥責正擊中他們的心坎，而他們心裏真的不明白，為何逗爸爸玩卻要捱罵。兩隻馬騮無非想親近我，而且在他們的認知中，星期日就是家庭日，所做之事，何罪之有。

我愈罵愈不舒服，此刻誰對誰錯，也已經被淡化了。或許錯的，只是我選擇了在星期日早上，在他們的必經之路去處理公

務。最後大家靜了十秒，老婆用準備好的早餐緩和了氣氛。

2021 年，哥哥八歲細佬五歲，我和他們已經認識了半個十載以上。這些年頭，並非泛泛之交一個月見兩三次，而是晝夜同在的相處。

正所謂「相見好同住難」，說明就算多麼親密相熟，要住在一起，把真實的自己赤裸裸地互相展露，相處並不容易。我常常說，和朋友或戀人去一趟旅行，因為經過短暫的「同住」而彼此了解更多，感情必定不會維持原狀，只是增長或遞減的問題。

這句話，從家庭的角度去看，我有一點感想：全因父母和子女，由出世那刻便開始住在一起，「相見好」和「同住難」的因果其實倒轉了，反而是從「同住體驗難不難」，去奠定「日後能否繼續相處」。我覺得，生活軼事一點一滴地累積，同住愈開心，關係愈好，子女才有機會遲一點才離父母而去。

成家立室有了孩子之後，每次當我責罵阿仔，就會懷念小時候做錯事時，有爸媽的當頭棒喝，把我趕回應走的路，提我着眼緊要的事，同時亦搭建了四通八達的下台階。

現在終於有點明白，我爸媽當年的用心和方法。一家人情感上的拔河，各有道理總是難說清，親子之間不是要定輸贏，而是希望在有生之年，仍然可以每天一直拔下去，而非拂袖離場。

讀過太多正面的育兒資訊，現實又怎會事事順利？相處的衝突和互動，往往在估不到的時刻爆發。

絕章

為小朋友選校，是一件非常頭痛的事情。原因是實在太多因素，會影響到小朋友的教育進程。

在寫這篇文章的這一刻，毒男爸爸已經經歷過阿仔幼兒班、幼稚園和小學的入學程序，由順時序的選校、報名、預備、面試、入學到適應，然後是千絲萬縷的連帶問題，例如學校是否一條龍、有否世襲制度令細佬可以跟着入讀，還有因適應學習的變數和可能的分岔口，過程簡直心力交瘁，想一想已經筋疲力盡，甚至命都短幾年。

現在有很多途徑，包括網上資訊和朋友經驗，可以得到有關子女教育的不同資訊，包括方法和理念等。但當真正執行過之後，就會發現很多地方也不是真正可以控制得到。家長的心力，極其量只可以盡量做好準備，為子女增加可行的選擇。所以作為父母，在子女的教育事情上，常常會感到很重的無力感。

因為種種考慮，當然包括我和老婆之間的共識，阿仔最終入讀了傳統的本地幼稚園和小學，這些學校的突出之處，是集中在校風方面，主張培養一個品格良好的小朋友。

在這幾年我發現了一個現象，就是原來有不少父母，既不安於選擇，也不忠於選校取捨之後的結果。從入學簡介會、學校的

定期諮詢活動，以至一些電話討論群組，也不時聽到有家長，提出一些偏離現實的提議、批評或投訴。

明明每間令家長趨之若鶩的學校，都有自己獨特的理念，例如校風、學術、體育等，但在成功入讀之後，家長就忘記了初衷，忽略了學校的強項，並過分放大理念上比較次要的範疇。

講白一點，就是要多元教學又想科科出眾，要 happy school 又要成績上乘，要炸雞又要唔熱氣，食齋又喜歡有肉味……

看着這些令我有點錯愕的家長，感覺好像在一枱麻雀旁邊觀戰，眼見枱面已經有三隻紅中，有人就是看不到，硬是要單吊叫糊等紅中出現。

我打從心底想大吼出來：喂！絕章呀老友！

有時候又會自省，究竟我又有沒有這種得一想二的想法？老實地説，某些家長有這種想法是可以理解的，因為在選校程序塵埃落定之後，家長朋友之間，必定會賽後檢討，每個選擇有好亦有壞，一比較就會聚焦到一些已選學校裏相對比較弱的地方。

有時看見朋友的子女，已經在默寫一些很深的字詞之時，反觀自己阿仔連很多基本的字都未識夠，心裏確實會戚戚然。況且疫症肆虐，學生基本上只能網上上課各自修行，我們更無法掌握子女在學校的優劣，以作改善。所以，如果有一刻鑽牛角尖把持不住，我相信自己也會很容易失去理智，拔刀拔槍指嚇，逼阿仔埋牆，瘋狂谷埋一份。

但奉勸一句，如果作為家長，自問在為子女選校之時，有付出過努力去了解他們的資質和需要，請不要忘記初衷，要相信自己的選擇，避免在不應該的方面過分催逼。

一個要全面發展的小朋友，首先要心裏快樂，然後是自身修養和正確的價值觀，再加上自發性的學習態度。這是我和老婆的教育理念，更是在選校時一直放在心裏的宗旨。

況且我有一個很強的信念，就是老師比學校更重要，選學校，還要看老師。我說的不是師資，也不是學校的名氣，而是一個有愛且能因材施教，可以和阿仔夾得來並能啟蒙和鼓勵他的好老師。當然這算是際遇的一種，就且看阿仔人生中有沒有這些機緣了。

選擇學校方面，要忠於初衷，不要入學之後再多加要求和投訴。魚與熊掌，豈能兼得。

阿仔終於五歲了。

簡直好似過咗十年一樣……

嗱小朋友，爸爸媽媽好努力
湊大你哋㗎。你哋要錫對方呀。

我個朋友有個妹妹，
你哋會唔會生個妹妹俾我錫？

哥哥成日唔同我玩，
你哋會唔會生個細佬同我玩？

生多兩隻蛋啦不如……

好呀！生蛋！唔使買有得食！

第七章
毒男心底話

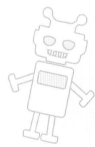

歸心似箭

「各位乘客，您好，這是來自機長的廣播。我們預計在 40 分鐘之後降落到倫敦希思路機場，預計抵達時間為當地 6 點 50 分，現在當地氣溫為攝氏 18℃，天色清朗。請您扣上安全帶準備降落。非常感謝您今天搭乘我們的航班，祝您有愉快的一天。」

久不久還是逃不掉一些必要的公幹。公幹和旅行不同，食住未必好，工作時間趕急，放工又要應酬，早出晚歸冇覺好瞓。以前一個人自由身還好，在公司許可之下，前後多留幾日，漫無目的地遊歷一下，實在是不錯的補償。

結婚後還可以，時間許可會和老婆一起飛一趟，但有了小孩後就真的完全不同了，當然，毒男爸爸仍然很想到處遊玩一下，但心裏更加記掛的，是家裏的老婆和兩個豆丁。

對上一次公幹，是哥哥大約一歲生日加撞上情人節。今次，細佬六個月，但哥哥已經三歲多，思路已經很清晰，說話更是有板有眼。

平常早上返工的我，出差那天是凌晨機，出發前還和家人吃晚飯，到了出發時間，低調拿起背包拖了行李，小聲地和大家笑着說「拜拜，好快返來」。不出所料，大仔第一個彈起來。

「爸爸你去邊呀？」

「去返工呀。」

「點解夜晚返工嘅？點解有行李嘅？去旅行？」

「唔係旅行呀，因為要去遠嘅地方工作，要幾日先返。」

大仔望着我，用上幾秒時間才能消化這個場景，然後谷出眼淚一泡，在眼眶中打滾。

「點解……點解唔帶埋我去？嗚嗚……」

那刻，心都酸埋。可幸有一家人幫手解釋和安撫，加上面前是大仔喜歡吃的清蒸斑塊，他才可以很快的平靜下來，我也才能深情地給他 big hug 然後慢慢離坐。

唉，一出酒樓門口，已經掛住佢，莫説哥哥細佬，由拍拖到結婚，和老婆也未曾分開過，就算出國，也是一起的旅程。現在一個人坐飛機，感覺很是不同。

最大的不同，相信是我比以前細膽了，一支公時雖然未能自稱「冇腳嘅雀仔」，但孑然一身又的確是了無牽掛。Touch wood 坐飛機有一定風險，三萬尺高空堅離地，有任何意外就真的神仙難救；長途機，遇上氣流在所難免，現在每每遇上氣流個心都離一離，我不能形容那種感覺，可以説是怕死，但其實因為我還很想見心裏着緊的人，而且是老婆大仔細仔，三倍的分量。

一降落，第一時間上網報平安，現在科技先進，這方面倒是沒有難度。看着身邊的同事，幾隻「冇腳嘅雀仔」，即時想起年

少時的我，當他們滿有精力地走訪朋友介紹的景點（多是吃喝玩樂飲酒消遣之地）；而我，則坐在酒店大堂的梳化翻雜誌並奮力對抗 jet-lag。同樣是 H 字頭舖，當大夥兒去 Harrods 買名牌之時；我則去了 Hamleys 買小朋友玩具。對比之下，我的「佬」味甚濃。

因為時差和工作關係，與老婆聯絡交流的時間也不多。星期五公幹完畢，一支箭到機場，乘搭當晚的夜機回家，情況依舊，回程時每遇上氣流，架飛機同個心都一齊震，震住返香港。但這樣的安排，落機還是星期六傍晚，加上整整一個星期日，還算挽回一些家庭時間。

有朋友說，出外公幹都幾好，可以有幾日離開個家靜靜。我同意，但相比之下我還是比較掛住屋企。希望我一直也可以保持這個感覺，實際上，這也是一個檢視我有多在意這頭家的指標。

返到屋企見到哥哥。

我問：「有冇掛住爸爸呀？」
佢答：「冇喎。」
我再問：「真係冇？」
佢先答：「有呀。」

呢兩父子真係煩氣。

為父之後，我真的比以前怕死了許多。主要原因，是我明白，自己已非獨自一個人。

你的名字 我的意義

稱呼一個人，有很多方式，就中文而言，由古時的細分姓、氏、名、字、號，演變到現代主流的姓和名；歸根究底，總不能人人也以「喂」相稱，以「嗰個」指謂，多少也應有個獨特的區別。

由兩公婆升級到父母，其中一個初期任務，就是為子女取名，我們早在老婆懷孕開始，已經不時談到這個課題。

每一個時代，在幫子女取名方面，也有相對比較受歡迎的字眼。男孩子方面，在七十年代到千禧年代的朋友圈中，不難找到深受愛戴的單字：國、偉、志、俊、強、家、晴、朗、希，或是它們的同音字。有時候，就算單看名字，已可大概猜到他／她的製造年期。

要改一個好名，有很多方法，怎樣為之一個好名，也各有不同演繹。風水命理、長輩喜好、父母心水，各自各精彩。當中如果有家族流傳下來的規矩，也會有跟隨族譜的情況。

毒男爸爸的家庭並非大家族，也沒有族例，所以不須跟隨族譜；長輩也給予我們很大的自由，我們本身也不篤信風水命理，毋須左夾五行術數，右夾時辰八字。

我們有很多空間去自行思考子女的名字，但無限大的自由度，對新手爸媽來說就變得無從入手。連肚裏面是男是女還未知道，怎改？

如是者，我們由精神奕奕地閱讀改名相關的資料文章，到傻傻愕愕地抄低街道上看到每個路牌的單字，為的只是增加腦裏的名字字庫。

我們的結論是，既然甚麼字也可以用，何不把孩子的名字，改成一個可以提醒我們兩公婆，對生兒育女的期盼和對孩子的基本期望。

果然，有了方向，很快已經可以從過千單字裏，收窄至一組很大機會用到的範圍；簡單的 mix & match，已可拼合成名字雛形。最後，在「名字要有自我提醒作用」的前提和初衷下，兒子的名字誕生了！

隨着小朋友的出生和成長，由 Trouble Two 到反叛期，被他們激到半生半死的情況不計其數；當自己面紅耳赤地怒吼，已經分不清是在責備教誨，還是純粹發洩，一個附帶提醒作用的名字，往往能夠成為情緒滅火器，尤其是家長出盡力鬧（教？）仔的時候，通常都會「響全朵」。

勉強舉一個例子。如果我姓曹，當放工一開門，全屋散滿玩具，是日功課全未做過，兩兄弟臉上有互毆的痕跡，仲要開住電視，工人又不見蹤影。此時此景，如果我兩個仔的名字叫「曹小陣」和「曹武用」，或多或少會有點自我提醒的情感緩衝作用，

噴火鬧人同時提醒自己嘈少陣啦，嘈冇用㗎……

當然現實不會如此戲劇性，反而在很多實際情況下，對錯的界線很模糊，小朋友的表現和父母的期望有落差，也會很容易引發衝突。

我兩個仔的名字，大致上蘊含「有目標地帶着喜樂勇往直前」的意思。有很多次經驗，當我聲嘶力竭地叫出阿仔的名字之後，怒火真的消退了很多，因為我知道，可以令他們自定目標，喜樂感恩地成長，是我和老婆對他們長大後的願景。如果當前的情緒爆發，只會傷害感情，何不冷靜下來，想辦法從其他地方切入教導。

為子女改名是一個特別的經歷，過程中會幻想到很多日後子女長大後的模樣，和一些十年八年後家裏的場景。不知是否只有我有如斯感覺，或許可能只是我 FF 太多。

其實，改名當時，我和老婆真的未知道，肚裏面的是男還是女，之後會生多少個，所以名字是準備了一組幾個的。

最終我們有兩個仔，亦無意使用那些後補名字；「響全朵」這些咬牙切齒的親切，對我來說，兩個已經是極限。

唔怕生壞命，最怕改錯名。雖則話子女大個可以自己改，但子女的名字，對父母本身也具一重意義。

生活斷捨離

記得第一次用 hip seat 揹帶和阿仔出巡,是在他大約三個月的時候。礙於信心所限,我們只能逛附近的大型商場,老婆揹實阿仔,我開路同時領航。

與其說是逛商場,用「放風」相信比較適合。因為第一胎出生後的頭兩個月,我們幾乎每天也得守在家裏,這段鐵窗生涯,真的不得不找機會出去哋哋氣,否則真是人都癲。但是,這個形而上的逛商場,我和老婆大部分時間都是盯着阿仔不放,丁點也沒有逛街的感覺。

突然之間,我臉色一沉。

「老婆,聞唔聞到有乜味?」我警覺地問。
「冇呀。」老婆肢體誇張地四周圍素。
「有喎。」我開始尋找氣味來源。
「咦?好似有⋯⋯」老婆都像察覺到。

「臭·丸·味·呀!」健康院再三提醒,幾個月大的嬰兒,絕不能吸入臭丸氣味,因為會嚴重影響腦部發展!

危機襲來!我和老婆大為緊張,一邊遮着阿仔塊面,一邊突破人群,沿着長長的貨架退出店舖。衝出重圍,離開了商場,

但因為又熱又緊張，我開始冒汗。臭丸味沒有了，卻多了一陣汗味……

結婚生仔後，很多以前著意的事情都會有所變化，有些如斷捨離的感覺。但這不是收拾或搬遷時，物件上的斷捨離，而是生活物慾或觀點角度上的。

簡單從結婚開始，首先已不能再肆意購買喜歡的模型玩具和景品。之後老婆懷孕產子，更要注意胎兒健康，香水和髮型用品等化學物品立即封印，領呔夾和袖口鈕這些三尖八角的金屬物完全消失，休閒服要非致敏物料製造，還要盡量沒有突出的領口。

也許就是以上的改變，促成了一個男士轉型為爸爸，完全成為一個「佬」。當然，老婆亦有犧牲，不能再著緊身衫和使用一些較為刺激身體皮膚的化妝品和護膚品。但當然她並沒有變成一個「婆」，因為她不化妝更靚，係呀，生完仔仲後生咗，皮膚仲滑咗！

言歸正傳，除了自身以外，身處的家也是如此。以往每次翻新家居，就算只是牆壁的重新油漆，或是房間角落的小改動，稍為增加的家具，完成後總是有種煥然一新的快感，有時還把它們看成藝術品，少少花痕也會感到心痛。

隨著兩隻馬騮飛快長大，家居環境需要不時變陣。活動空間、睡覺安排、溫習環境，都是家居改動的契機。

改變多了頻密了，但環境反而容易殘舊。因為就算有多新淨

的家品，用得粗枝大葉亦很快會變成頹垣敗瓦。兩隻馬騮（在此稱他們為怪獸相信更貼切）當然是罪魁禍首。現在我有了心態上的大轉變，就是家裏的一事一物，再也無分貴賤，統一成為消耗品，即是着眼在使用上而非觀賞上，而且壽命極短。

老實説，哥哥還算是斯文，但細佬就完全是一隻失控的怪物，愈阻止就愈興奮愈粗魯。他的代表作，多不勝數，包括騎學行車如打摔角，打爆幾個牆角；對每一條電線都充滿好奇，一扯整個檔案備份硬碟應聲破碎；明明貼好白板牆任寫任畫，就硬是要畫出界畫到雪白的牆壁上。我粗略估計過，細佬由出世至今，最少破壞了市值港幣五位數字的家品，真是戰績彪炳。

記得有一次，細佬又是手執兩支粗頭深藍色白板筆，滿屋飛舞。我一對一貼身監控，牆壁唔畫得，梳化唔畫得，功課簿又唔畫得，自己塊面更加唔畫得，我再來個凌厲眼神示意不可亂畫，他反而更興奮，居然向我塊面由上至下直畫了幾筆！

我沒有被激死，只是面上多了幾條深藍色的粗筆痕，看上去就似鬼化了的猗窩座（淚）。細佬望着我，傻笑扮無知，我誇張地怪叫一下，然後衝過去開了個「破壞殺．搔式」，瞬間 KO 了最怕「唧」的細佬，十秒連「唧」令他軟癱在地。睇佢以後仲敢唔敢周圍亂畫。

有主角光環的細佬，當然不會被打敗，轉頭見我行開，又繼續笑住搗亂，最終都畫花了另一邊的牆。

我放棄，你贏。

不知不覺之間，在生活斷捨離的過程中，拋棄了一些執着，慢慢形成了爸爸的模樣。

單對單的飯局

一直相信,現代的育兒方式,是必須以朋友的角色切入,才有比較健康和長久的親子關係。

生活上,很多和朋友一起做的事,也會和兩隻馬騮去做,其中包括相約他們去吃餐飯。而這種飯局,並非一班人或是全家總動員,而是單對單的約會。

平日我也不時約阿仔撐枱腳,儘管他們只得幾歲。而這種約會形式,是「邀請」而不是「要求」,是比較似和朋友相處的一種平等交流。簡單來説,阿仔是有權拒絕的,而實際上他們真的拒絕過。

和幾歲的小朋友去食飯,究竟有甚麼可以講?現實是,可以雞啄唔斷,傾足全程。當然,和交朋友一樣,並非第一次單獨食飯,就能暢所欲言,要熱身要慢慢來,而且還要製造一個輕鬆的對話氣氛。

參考一些市場研究,或是公司人事部的收集意見模式,約定這餐飯裏面,兩人之間的對話、吃過甚麼美食和講過甚麼事情,除非有對方同意,否則是需要絕對保密的。

多給一點主導權給子女,讓他們選擇吃甚麼,想到哪裏用

餐，飯前有沒有地方想一起逛一下。參與度高，自然會愉快地投入其中，當然他們會選的，是平日很想食但不可以食的東西，和很想去但不能夠去的地方，但一次半次，就給他稍微放肆一下吧。

用餐時要自然，不要擺出高高在上，長輩的模樣，更加不要一坐低就話當年，猛説人生道理。嘗試視阿仔如朋友，打開話題，多點用開放式的提問和句子，言談間盡量聆聽他們的想法，也鼓勵他們發問。

對我來説，這也是我用來測試水溫，看看到底父子關係如何，亦可以趁機談及一些比較敏感的話題。

入坐後，由選擇食物開始，我們會研究餐牌，講一些有關食物的故事。説的並非和學術有關的知識，而是圍繞着這些食物的趣聞。

之後我們會談到一些比較敏感的話題。例如我會誠懇地詢問他和工人姐姐的相處，有沒有磨擦和不快的事情；學校裏面有沒有遇過被欺負的情況，也叮囑他有禮貌並且不要欺負別人；他曾經問我和媽媽是怎樣認識，如何到結婚和生了他們兩兄弟。

如果氣氛良好，有時候更會觸及一些很深入，有關感覺和自省的問題。試過有一次，我問哥哥近期有沒有遇到非常不開心的事情，他居然答有，然後更慢慢説起一些我看來無傷大雅，但在他身上卻感到傷心的事件。基於保密協議，我不會透露太多，我只可以説那是一樁有關被冷落被忽略的小小投訴。我很慶幸，哥

哥在那餐飯裏面提出來，令我們有一段高質素的對話時間，我可以去分享和開解。

　　究竟一餐好的親子單對單飯局，應該是怎樣的感覺？大家絕對不會陌生，只要想一想，你和知己朋友，對上一次開心暢談的聚餐畫面，大概就是那種感覺了。

　　愉快不知時日過，能做到朋友間的開心交流，和阿仔的一餐飯，一傾就是好幾個鐘頭。身邊食客已經走了一大截，接着電話響起，傳來一把熟悉的聲音：

「點呀？幾點返呀？」
「點呀？食咗乜呀？」
「點呀？唔‧使‧瞓‧呀？」

　　我和阿仔互望一眼，他已經知道電話的另一邊是誰，也是時候埋單走人。回家的路上拖着手走在一起，感覺他又似是再長大了一點。

　　今晚，吃了炸到不能再熱氣的炸蝦、八卦了校園生活的一些鮮為人知的秘密、嘗試過吃完有機會肚痛的半生熟燒牛肉、開心大發現原來老師和媽媽一樣每天都會襯靚衫出街、原來上次瀨濕張床的是他而不是細佬⋯⋯（我再寫下去肯定有生命危險）

What happens in 餐廳，stays in 餐廳。

父子之間，何嘗不可以像朋友般來一個單對單的飯局。然後你會看到，
笑容上的另一種甜。

時間總是不夠用

有一個週日晚上，兩隻馬騮已經入睡。經過一整週的繁忙工作、學校評估、家庭聚會、朋友活動，這個充實的星期總算是告一段落。

半杯梅酒，一點音樂，兩公婆跌坐在客廳的梳化。老婆嘆了一口氣，說就算用了很多方法，時間好像總是不夠用。

「這是當然的吧。」我肯定地說，老婆一臉疑惑。

「現在我們有兩個小朋友，你覺得只有大仔的時候，時間夠用嗎？」我問。

「不夠用啊。」她答。

「就算大仔未出世，只有我們兩口子的時候，時間夠用嗎？」

「不夠用啊。」

「就算未同我一齊，自己一個人的時候，時間夠用嗎？」

「不夠用啊。」

「就算讀書的時候，你又覺得時間夠用嗎？」

「不夠用啊。」

「咪係囉，這和結婚生仔，沒有太大關係。」我亦嘆了口氣，開始嘗試解釋。

回顧一下，每個人打從人生中的某一點，時間已經開始不夠用。興趣多多的毒男爸爸，早在初中的時候，已日日用爆一日的

24 小時，仍然好像甚麼也沒做過，那種感覺簡直是悲慘又無奈。

想深一層，不難理解。簡單做個計算，假如星期一至五要返工或返學，每天時間相若，連交通大約十小時。然後是作息，在保持身體健康的前提下，也會努力爭取八小時睡眠。那麼，平日的五日，每個人每日大約就有六小時的自由時間。

這六小時，隨着成長的不同時期，會有不同取捨。舉些自己的例子，在求學時期，大概會用在溫習、吹水、踢波、打機；進入社會工作，則會用在自己興趣、朋友消遣、進修增值、繼續打機；然後拍拖結婚，就會用在二人世界、雙方家庭聚會，間中仍會打機；之後有了阿仔，就要集中照顧他們，確保有足夠的親子時間。這六小時，相對想做的事，其實很少。

有了阿仔之後，就不會想做以前會做的事？非也，而是想做的事會越來越多。每一個人生階段，作為一個大男孩，我仍然很想抽空打機和做自己喜歡做的事。

還有週末未計算吧！沒錯，週末姑且當作不需要返工或返學，減去睡眠時間，星期六日每天還有 16 小時。通常週末會做甚麼？除了繼續星期一至五想做但未做的事情之外，還有需要用比較長一點時間去做的，例如戶外活動遊山玩水、大伙兒聚會吃喝玩樂、完全二人世界睇戲直落、打十幾圈麻雀大殺三方、進修進修再進修，等等。

只做以上其中一項，已經足以消耗一整天。若果平日工作或學習辛苦，週末就有更大機會用來休息，所指的未必是睡覺，而

是做一些減壓的事或是甚麼也不做。基本上，週末的兩個 16 小時，往往比平日每天的六小時，感覺更短，更不見使。

這是一個簡單的供求問題，就像坊間常用的「煲與蓋」比喻，我們有太多想煲（做）的食物（事情），但是蓋（時間）有限，沒冚蓋的煲，煮甚麼也是徒然。

平日每天的六個蓋，週末每天的 16 個蓋，又怎能冚盡所有的煲，所以就要審視重要性去排先後次序，再作取捨。普通人就不在話下，更何況我和老婆這類有太多事想做的人，簡直一地也是煲。

成為了父母之後，情況會更容易失控，因為子女有很多需要，是「必要的任務」而不能排除不做。由初生期的生理需要（食瞓屙），到幼兒期的起始學習（玩手指玩腳指搓來搓去搵背脊），之後兒童期的校園生活（選校報名備戰面試），這些事情很難假手於人，所以就應該審視它們如工作學習和睡覺同等級數的任務。在此扣扣減減，還得幾多個小時實際可用來做其他事？實在不多。

就是這樣，自己本身想做的事情，通通會向後推。但並非代表我們從此放棄，它們還一直在心中，只是暫時沒有時間去做。情況就像是，現時未能冚好蓋的煲，心裏還有憧憬之後仍然可以再煲，於是有理右理，先塞入櫥櫃裏，就當我們心裏的櫥櫃無限大，就一直塞一直塞。

有一天，發覺好像有丁點時間，就不如去做一些之前想做，但一直沒時間做的事。一開櫥櫃，塞爆的煲全數如山崩般落下，

相信未必可以瞥一眼，就被砸死於煲堆之中。視乎每個人，想做又未做的事情有多少，而我和老婆這類人一開櫃，都幾肯定死得好快。

「這大概就是你現在，感到『時間總是不夠用』的一股強烈無力感。」我淡然總結。

可能是我形容得有點太過，只見老婆大大啖吞着梅酒，表情若有所思。

當然，如果真的想多一點時間，返工返學偷懶一些、少理家庭子女一些、夜晚瞓少一些間中飯也不吃，還可以擠出一點點。現實生活中，犧牲工作學業、家庭子女、身心健康，大有人在，中間的取捨，就留待大家自己思考。

而我，更有另一個反思。接受了「時間總是不夠用」的現實之後，與家庭和親子的相處，一分一秒也就變得緊要。那麼，在有限的時間裏，我們寧願盡力和子女相處並確保愉快的交流，還是選擇嘈嘈閉又打又鬧去強行教誨他們？

作為父母，這也是一個非常值得反思的問題。

我們都一樣

由哥哥出世，開始了「毒男爸爸」的網誌，到細佬已經五歲多的現在，不知不覺已經寫了六年多。

我並不是高產量的作者，因為我堅持，每一篇文章的題材和內容，都是真人真事的經歷。老實説，作為一個博客，我絕對不稱職。打個比喻，如果我有幸能成為漫畫家的話，我的脱稿情況簡直媲美冨樫老師，更是直迫高屋老師。

但其實，打從一開始建立自己網誌的時候，並非只為寫作，而是覺得有需要。

一方面，因為剛成為父親，我很明白要從日常生活和工作中，把一定程度的時間和心力，主動地分到小朋友上是非常不容易。因為這種着重心靈關係、比較抽象的投資，在初為人父的時候確實比較難掌握。當時只想做些甚麼去把這份決心具體化，成為一種自我催逼的方法，就是這樣，當遇到一些關於新手父母的軼事感想，就會簡單記下來，然後慢慢編寫成文章。

另一方面，新手父母也很容易出現「產後抑鬱」的情況，對於家庭裏突然多了的新成員，百般的未知數，對於父母雙方在生理和心理上也會構成相當的壓力。對我自己來說，寫作是一種非常有效的減壓方式，生活中一些觸動心靈的事情，既輕也很短暫，但悲喜的感覺卻會長留。趁着還未忘記之前，寫下來放

低，然後向前走下去，算是留給自己，也是給家庭的一份小小回憶錄。

　　就是這些簡單的初衷和動力，開始了一個完全沒有壓力，隨心的育兒網誌，也因為這個網誌，我有機會從父親的角度，把湊仔的日常經歷和感想分享開去，有機會累積一些不同地方的讀者，再有機會把文章推廣到幾個育兒網站。這些都使我在繁瑣的生活上，特意去留意兒子周遭發生的事情，一些不同時期的親子互動，家庭裏所發生的軼事和生活變化，這股動力加上自身的好奇心，不知不覺就寫到現在。

　　我這個毒男爸爸用半強迫的方法，把時間分給兒子們確實有點迂迴，只因我本身坐不定的性格，如果不用網誌作為自己的制約，我可能會是一個早出超晚歸，對家事不聞不問，或是長期匿藏於廁所的男人。

　　和朋友閒談之間，知道為人父母就算有多大的決心，面對排山倒海的日常，再盡力也可能被生活瑣事淹沒。有朋友盡力參與學校的義工工作，有朋友每天都一定會花早上返工前的時間送子女上學，也有朋友推掉星期日的所有應酬陪伴子女。怎樣做，真的有很多不同選擇。

　　作為同路人，我懇請你就自己家庭的環境，認真想一想，在子女成長上可以做點甚麼，要踏出這個第一步，全靠自己，不能代勞。而最終的決定，亦意味着生活上的一點平衡和取捨。我的經驗是不要想太多，先有第一步，之後就能自然行出一條屬於自己家庭的路。

愛，是從行動中孕育出來，也是相向的。只要盡力，就算偶爾會力有不逮，子女還是會感受到父母的努力。這一點我可以肯定，因為我親身經歷過，在我生活氣餒的時候，阿仔會反過來安慰我。

「好快好快，我覆埋幾個 e-mail 就陪你去玩呀。」
「爸爸你做完嘢休息一陣先啦，今日唔使陪我哋啦。」
「唔好意思，爸爸今日遲咗放工。」
「唔緊要呀，今朝你咪送咗我返學囉。」

　　現時八歲的哥哥，已經知道「毒男爸爸」網誌的存在。有時他會在我做校對的時候，靠過來把他知悉的字逐一朗讀出來，然後問：「這段是甚麼意思？」我答他這是爸爸的日記，寫下了很多有關這個家、媽媽和面前兩隻馬騮仔的故事，等他們再長大一些，就能自己閱讀，到時就會明白。

我相信，天下父母都一樣，從跌碰中走出屬於自己的育兒之路。希望我的分享能給大家一點參考，一起繼續努力！

毒男一家
- 語錄 -

爸爸，
點解你成日都好似好多嘢諗？

係咪諗今晚食乜？

唔好阻住爸爸。爸爸寫緊書呀。

吓？唔使寫呀，
我呢度就有一本。

我都有一本㗎。

多謝晒你哋！
我就將呢段對話放落本書。

毒男爸爸 之 論盡育兒手記

Kidult Daddy 毒男爸爸 著

責任編輯：林嘉洋
裝幀設計：劉婉婷
排　　版：時　潔
印　　務：劉漢舉

出版

非凡出版

香港北角英皇道 499 號北角工業大廈 1 樓 B

電話：（852）2137 2338　傳真：（852）2713 8202

電子郵件：info@chunghwabook.com.hk

網址：http://www.chunghwabook.com.hk

發行

香港聯合書刊物流有限公司

香港新界荃灣德士古道 220-248 號

荃灣工業中心 16 樓

電話：（852）2150 2100

傳真：（852）2407 3062

電子郵件：info@suplogistics.com.hk

印刷

美雅印刷製本有限公司

香港觀塘榮業街六號海濱工業大廈四樓 A 室

版次

2021 年 6 月初版

©2021 非凡出版

規格

16 開（210mm×148mm）

ISBN

978-988-8758-81-4